3級

FP技能士
（学科・実技）

過去問題解説集

（2023年度実施分）

おことわり

・本書は、原則として出題時の法令基準日に基づいて編集されています。

・所得税の税額計算・税率の表記については、特に記載のない限り、復興特別所得税を加算しています。

・公的年金の年金額については、特に記載のない限り、出題時の法令基準日に基づいて価額およびその計算方法を記載しています。

・東日本大震災および新型コロナウイルス感染症対応に係る各種制度については、特に記載のない限り、表記等には反映せずに解説しています。

・法および制度改正等に伴う内容の変更・追加・訂正等については、下記ウェブサイトに掲載いたします。

https://www.kinzai.jp/seigo/

目　次

Ⅰ　学科編

第1章　A分野　ライフプランニングと資金計画

第2章　B分野　リスク管理

第3章　C分野　金融資産運用

II 実技編

個人資産相談業務

保険資産相談業務

利用のてびき

▶ 実際の試験問題にトライ！

〈年—月—・問番号〉
いつ出題された問題
かがわかります。

〈試験問題〉
出題当時のまま掲載しています。

〈解答と解説〉
解答・解説を掲載しています。

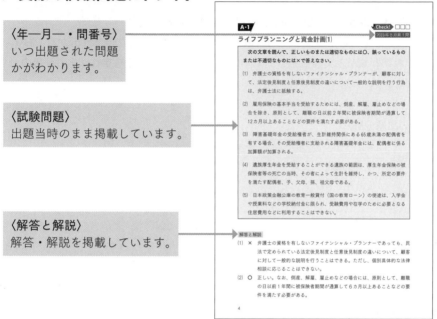

▶ デジタルドリル（ノウン）を活用！

〈試験問題・解答解説〉
　2022年度実施分（5月・9月・1月）のデジタル学習が可能です（無料）。
なお、試験問題は、出題時のまま掲載しています。

ファイナンシャル・プランニング技能検定の概要（2024年6月時点）

▶ 1. ファイナンシャル・プランニング技能検定の等級・分野

ファイナンシャル・プランニング技能検定は1級、2級、3級の等級に分かれており、それぞれ学科試験と実技試験が行われます。両方の試験に合格すればその等級の合格となります。

〈各級の出題分野〉

A	ライフプランニングと資金計画
B	リスク管理
C	金融資産運用
D	タックスプランニング
E	不動産
F	相続・事業承継

（※）　分野ごとの細目・出題範囲については金融財政事情研究会のウェブサイトで確認ください。
（https://www.kinzai.or.jp/fp/fp_specifications.html）

▶ 2. 出題形式・試験時間等

等級	学科実技	出題（審査）形式	試験時間		満点	合格基準
1級	学科	〈基礎編〉マークシート方式（四答択一式、50問）	10：00〜12：30	150分	200点	120点以上
		〈応用編〉記述式（事例形式5題）	13：30〜16：00	150分		
	実技	口頭試問方式	（注1）		200点	120点以上
2級	学科	マークシート方式（四答択一式、60問）	10：00〜12：00	120分	60点	36点以上
	実技	記述式（事例形式5題）	13：30〜15：00	90分	50点	30点以上
3級	学科	CBT方式（○×式、三答択一式、計60問）		90分	60点	36点以上
	実技	CBT方式（事例形式5題）		60分	50点	30点以上

（注1）設例課題に基づく12分程度の口頭試問が2回実施されます（半日程度）。
（注2）1級実技試験、3級試験以外はいずれも筆記試験です。
（注3）3級試験以外は、筆記用具・計算機（プログラム電卓等を除く）の持込みが認められています。
（注4）金融財政事情研究会が実施する試験について掲載しています。

▶ 3. 試験科目・受検資格と受検手数料

等級	学科実技	実技試験の選択科目	受検資格	受検手数料（非課税）
1級	学科	－	◆2級技能検定合格者で、FP業務に関し1年以上の実務経験を有する者 ◆FP業務に関し5年以上の実務経験を有する者 ◆厚生労働省認定金融渉外技能審査2級の合格者で、1年以上の実務経験を有する者	8,900円
1級	実技	●資産相談業務	◆1級学科試験の合格者（注1） ◆「FP養成コース」修了者でFP業務に関し1年以上の実務経験を有する者（注2） ◆日本FP協会のCFP®認定者 ◆日本FP協会のCFP®資格審査試験の合格者（注3）	28,000円
2級	学科	－	◆3級技能検定の合格者 ◆FP業務に関し2年以上の実務経験を有する者 ◆厚生労働省認定金融渉外技能審査3級の合格者 ◆日本FP協会が認定するAFP認定研修を修了した者（注4）	5,700円
2級	実技	●個人資産相談業務 ●中小事業主資産相談業務 ●生保顧客資産相談業務 ●損保顧客資産相談業務		各6,000円
3級	学科	－	◆FP業務に従事している者または従事しようとしている者	4,000円
3級	実技	●個人資産相談業務 ●保険顧客資産相談業務		各4,000円

（注1）2024年度に実施する1級実技試験を受検できるのは、2022年度以降の1級学科試験合格者です。

（注2）FP養成コースとは、金融財政事情研究会が実施する「普通職業訓練短期課程金融実務科FP養成コース」を指します。2024年度に実施する1級実技試験を受検できるのは、2022年度以降の修了者です。

（注3）2024年度に実施する1級実技試験を受検できるのは、2022年度以降のCFP®資格審査試験合格者です。

（注4）修了日が受検申請受付最終日以前の日付である場合に限られます。

（注5）金融財政事情研究会が実施する試験について掲載しています。

（注6）日本FP協会では、2級、3級学科試験および1級、2級、3級実技試験（資産設計提案業務）を実施しています。

▶4. 試験結果（合格率／金融財政事情研究会実施分）

等級	学科 実技	試験科目	2023年 5月試験	2023年 9月試験	2024年 1月試験
1級	学科	－	3.51%	13.00%	8.72%
	実技	資産相談業務	－	－	－
2級	学科	－	17.51%	22.75%	13.72%
	実技	個人資産相談業務	39.76%	41.36%	37.11%
		中小事業主資産相談業務	－	35.92%	53.58%
		生保顧客資産相談業務	39.20%	40.17%	45.27%
		損保顧客資産相談業務	－	60.07%	－
3級	学科	－	54.13%	37.19%	46.40%
	実技	個人資産相談業務	61.58%	62.29%	55.64%
		保険顧客資産相談業務	58.91%	55.30%	44.79%

▶5. 受検手続

　3級CBT方式により受検申請は、インターネット受検申請のみとなり、紙の受検申請書類の送付により行うことはできません。

　詳しくは、以下のウェブサイトをご覧ください。

https://www.kinzai.or.jp/ginoucbt

●ファイナンシャル・プランニング技能検定に関するお問合せ

一般社団法人 金融財政事情研究会 検定センター　TEL 03-3358-0771

1・2級個人申込専用ダイヤル　TEL 03-4434-2362

3級CBTサポートセンター　TEL 03-4553-8021

URL：https://www.kinzai.or.jp/fp

特定非営利活動法人 日本ファイナンシャル・プランナーズ協会

試験業務部　TEL 03-5403-9890

URL：https://www.jafp.or.jp/

▶6. 技能検定3級試験の CBT 方式実施について

　3級試験につきましては、CBT（Computer-Based Testing）方式（※）による試験を実施いたします。詳細は、弊研究会ウェブサイトをご覧ください。

　　https://www.kinzai.or.jp/ginoucbt

※ CBT 方式による試験について

　CBT（Computer-Based Testing）とは、パソコンを使用して実施する試験の総称で、パソコンに表示される試験問題にマウスやキーボードを使って解答します。一般社団法人金融財政事情研究会が、株式会社シー・ビー・ティ・ソリューションズ（CBT-Solutions）の CBT 試験システムを利用して実施するものです。

デジタル学習の使い方

　本書は、デジタルコンテンツと併せて学習ができます。パソコン、スマートフォン、タブレットで問題演習が可能です。利用期限は、ご利用登録日から1年間です。なお、ご利用登録は 2026 年 6 月 29 日まで可能です。

■ **推奨環境（2024年6月現在）**

《スマートフォン・タブレット》
- Android 8 以降
- iOS 10 以降
※ご利用の端末の状況により、動作しない場合があります。

《PC》
- Microsoft Windows 10、11
  ブラウザ：Google Chrome、Mozilla Firefox、Microsoft Edge
- macOS
  ブラウザ：Safari

使用開始日

| 2024 年 |
| 6月30日 |

■ **利用方法**

① タブレットまたはスマートフォンをご利用の場合は GooglePlay または AppStore で「ノウン」と検索し、ノウンのアプリをインストールしてください。

② 書籍に付属のカードを切り取り線に沿って切って開いてください。

③ パソコン、タブレット、スマートフォンの Web ブラウザで下記 URL にアクセスして「アクティベーションコード入力」ページを開きます。カードに記載のアクティベーションコードを入力して「次へ」ボタンをクリックしてください。

[アクティベーションコード入力]
https://knoun.jp/activate

④ ノウンのユーザー ID、パスワードを
お持ちの方は、「マイページにログイン」
にユーザー ID、パスワードを入力し「ロ
グイン」ボタンをクリックしてください。

⑤ ノウンのユーザー登録をされていない
方は「ユーザー登録」ボタンをクリック
し、「ユーザー登録」ページでユーザー
登録を行ってください。

⑥ ログインまたはユーザー登録を行うと、コンテンツが表示されます。

⑦ 「学習開始」ボタンをクリックすると、
タブレットまたはスマートフォンの場合
はノウンアプリが起動し、コンテンツが
ダウンロードされます。パソコンの場合
は Web ブラウザで学習が開始されます。

⑧ 2回目以降は、パソコンをご利用の場合は下記の「ログイン」ページからログインし
てご利用ください。タブレットまたはスマートフォンをご利用の場合はノウンアプリか
らご利用ください。

[ログイン]
https://knoun.jp/login

●ノウンアプリに関するお問い合わせ先：NTT アドバンステクノロジ
※ノウンアプリのメニューの「お問い合わせ」フォームもしくはメール（support@
knoun.jp）にてお問い合わせください。

I

学科編

第 **1** 章

A

ライフプランニングと
資金計画

ライフプランニングと資金計画(1)

> 次の文章を読んで、正しいものまたは適切なものには○、誤っているもの
> または不適切なものには×で答えなさい。
>
> (1) 弁護士の資格を有しないファイナンシャル・プランナーが、顧客に対し
> て、法定後見制度と任意後見制度の違いについて一般的な説明を行う行為
> は、弁護士法に抵触する。
>
> (2) 雇用保険の基本手当を受給するためには、倒産、解雇、雇止めなどの場
> 合を除き、原則として、離職の日以前2年間に被保険者期間が通算して
> 12カ月以上あることなどの要件を満たす必要がある。
>
> (3) 障害基礎年金の受給権者が、生計維持関係にある65歳未満の配偶者を
> 有する場合、その受給権者に支給される障害基礎年金には、配偶者に係る
> 加算額が加算される。
>
> (4) 遺族厚生年金を受給することができる遺族の範囲は、厚生年金保険の被
> 保険者等の死亡の当時、その者によって生計を維持し、かつ、所定の要件
> を満たす配偶者、子、父母、孫、祖父母である。
>
> (5) 日本政策金融公庫の教育一般貸付（国の教育ローン）の使途は、入学金
> や授業料などの学校納付金に限られ、受験費用や在学のために必要となる
> 住居費用などに利用することはできない。

解答と解説

(1) × 弁護士の資格を有しないファイナンシャル・プランナーであっても、民
法で定められている法定後見制度と任意後見制度の違いについて、顧客
に対して一般的な説明を行うことはできる。ただし、個別具体的な法律
相談に応じることはできない。

(2) ○ 正しい。なお、倒産、解雇、雇止めなどの場合には、原則として、離職
の日以前1年間に被保険者期間が通算して6カ月以上あることなどの要
件を満たす必要がある。

(3)　✕　障害基礎年金の受給権者が生計維持関係にある<u>子</u>を有する場合、その受給権者に支給される障害基礎年金には、<u>子</u>に係る加算額が加算される。子とは、「18歳到達年度末日までの間にある現に未婚の子」「20歳未満で障害等級1級または2級の現に未婚の子」のことをいう。なお、障害厚生年金の受給権者（1級、2級に限る）が、生計維持関係にある65歳未満の配偶者を有する場合、その受給権者に支給される障害厚生年金には、配偶者に係る加算額が加算される。

(4)　○　正しい。

(5)　✕　日本政策金融公庫の教育一般貸付（国の教育ローン）の使途は、入学金や授業料などの学校納付金に限られず、受験費用や在学のために必要となる住居費用などに利用することもできる。

ライフプランニングと資金計画(2)

> 次の文章を読んで、正しいものまたは適切なものには○、誤っているもの
> または不適切なものには×で答えなさい。
>
> (1) ファイナンシャル・プランナーが顧客と投資顧問契約を締結し、当該契
> 約に基づき金融商品取引法で定める投資助言・代理業を行うためには、内
> 閣総理大臣の登録を受けなければならない。
>
> (2) アルバイトやパートタイマーが、労働者災害補償保険の適用を受けるた
> めには、1週間の所定労働時間が20時間を超えていなければならない。
>
> (3) 国民年金の第1号被保険者は、日本国内に住所を有する20歳以上60歳
> 未満の自営業者や学生などのうち、日本国籍を有する者のみが該当する。
>
> (4) 国民年金基金の加入員は、所定の事由により加入員資格を喪失する場合
> を除き、加入している国民年金基金から自己都合で任意に脱退することは
> できない。
>
> (5) 住宅ローンの一部繰上げ返済では、返済期間を変更せずに毎月の返済額
> を減額する返済額軽減型よりも、毎月の返済額を変更せずに返済期間を短
> くする期間短縮型のほうが、他の条件が同一である場合、通常、総返済額
> は少なくなる。

解答と解説

(1) ○ 正しい。顧客と投資顧問契約を締結し、当該契約に基づき投資助言・代
理業を行うためには、金融商品取引業者（投資助言・代理業者）として
内閣総理大臣の登録を受けなければならない。

(2) × 労働者災害補償保険はすべての労働者に適用されるため、アルバイトや
パートタイマーについても所定労働時間にかかわらず適用される。

(3) × 国民年金の第1号被保険者は、日本国内に住所を有する20歳以上60歳
未満の自営業者や学生などが該当し、日本国籍の有無は問われない。

(4) ○ 正しい。国民年金基金の加入員は、自己都合で任意に脱退することはで

きない。

(5) **O** 正しい。住宅ローンの一部繰上げ返済では、返済額軽減型よりも期間短縮型のほうが、他の条件が同一である場合、通常、総返済額は少なくなる。

ライフプランニングと資金計画(3)

> 次の文章を読んで、正しいものまたは適切なものには〇、誤っているもの
> または不適切なものには×で答えなさい。
>
> (1) 弁護士の登録を受けていないファイナンシャル・プランナーが、資産管理の相談に来た顧客の求めに応じ、有償で、当該顧客を委任者とする任意後見契約の受任者となることは、弁護士法に抵触する。
>
> (2) 労働者災害補償保険の保険料は、労働者と事業主が折半で負担する。
>
> (3) 国民年金の学生納付特例制度の適用を受けた期間に係る保険料のうち、追納することができる保険料は、追納に係る厚生労働大臣の承認を受けた日の属する月前10年以内の期間に係るものに限られる。
>
> (4) 遺族基礎年金を受給することができる遺族は、国民年金の被保険者等の死亡の当時、その者によって生計を維持され、かつ、所定の要件を満たす「子のある配偶者」または「子」である。
>
> (5) 日本学生支援機構の奨学金と日本政策金融公庫の教育一般貸付（国の教育ローン）は、重複して利用することができる。

解答と解説

(1) × 任意後見契約の受任者となることについて特別な資格は不要であり、弁護士の登録を受けていないファイナンシャル・プランナーであってもなることができる。

(2) × 労働者災害補償保険の保険料は、事業主が全額負担する。労働者の負担はない。

(3) 〇 正しい。国民年金の学生納付特例制度の適用を受けた期間に係る保険料は、10年以内に限り追納することができる。

(4) 〇 正しい。なお、「子」とは、「18歳到達年度末日までの間にある現に未婚の子」「20歳未満で障害等級1級または2級の現に未婚の子」のことをいう。

(5) ◯ 正しい。

ライフプランニングと資金計画(4)

次の文章の（　　）内にあてはまる最も適切な文章、語句、数字またはそれらの組合せを1)～3)のなかから選びなさい。

(31) 一定の利率で複利運用しながら一定期間、毎年一定金額を受け取るために必要な元本を試算する際、毎年受け取る一定金額に乗じる係数は、（　　）である。

1) 減債基金係数

2) 年金現価係数

3) 資本回収係数

(32) 後期高齢者医療制度の被保険者は、後期高齢者医療広域連合の区域内に住所を有する（　①　）以上の者、または（　②　）の者であって一定の障害の状態にある旨の認定を受けたものである。

1) ① 65歳　　　② 40歳以上65歳未満

2) ① 70歳　　　② 60歳以上70歳未満

3) ① 75歳　　　② 65歳以上75歳未満

(33) 国民年金の第1号被保険者が、国民年金の定額保険料に加えて月額（　①　）の付加保険料を納付し、65歳から老齢基礎年金を受け取る場合、（　②　）に付加保険料納付済期間の月数を乗じて得た額が付加年金として支給される。

1) ① 400円　　　② 200円

2) ① 400円　　　② 300円

3) ① 200円　　　② 400円

(34) 住宅金融支援機構と民間金融機関が提携した住宅ローンであるフラット35（買取型）の融資金利は（　①　）であり、（　②　）時点の金利が適用される。

1) ① 変動金利　　　② 借入申込

2) ① 固定金利　　　② 借入申込

3) ① 固定金利　　　② 融資実行

(35) 貸金業法の総量規制により、個人が貸金業者による個人向け貸付を利用する場合の借入合計額は、原則として、年収の（　　　）以内でなければならない。

1) 2分の1

2) 3分の1

3) 4分の1

解答と解説

(31) **2** 一定の利率で複利運用しながら一定期間、毎年一定金額を受け取るために必要な元本を試算する際、毎年受け取る一定金額に乗じる係数は、年金現価係数である。なお、減債基金係数は、一定の利率で複利運用しながら一定期間経過後に目標とする額を得るために必要な毎年の積立額を試算する際に使用し、資本回収係数は、元金を毎年同じ金額ずつ取り崩していく場合の毎年の取崩し額を試算する際に使用する。

(32) **3** 後期高齢者医療制度の被保険者は、後期高齢者医療広域連合の区域内に住所を有する75歳以上の者、または65歳以上75歳未満の者であって一定の障害の状態にある旨の認定を受けたものである。

(33) **1** 国民年金の第1号被保険者が、国民年金の定額保険料に加えて月額400円の付加保険料を納付し、65歳から老齢基礎年金を受け取る場合、200円に付加保険料納付済期間の月数を乗じて得た額が付加年金として支給される。

(34) **3** フラット35（買取型）の融資金利は固定金利であり、融資実行時点の金利が適用される。

(35) **2** 貸金業法の総量規制により、個人が貸金業者による個人向け貸付を利用する場合の借入合計額は、原則として、年収の3分の1以内でなければならない。

ライフプランニングと資金計画(5)

　次の文章の（　　　）内にあてはまる最も適切な文章、語句、数字またはそれらの組合せを1)〜3)のなかから選びなさい。

(31)　Aさんの2023年分の可処分所得の金額は、下記の〈資料〉によれば、（　　　）である。

〈資料〉2023年分のAさんの収入等

給与収入	：750万円（給与所得：565万円）
所得税・住民税：	80万円
社会保険料	：100万円
生命保険料	：20万円

1)　385万円
2)　550万円
3)　570万円

(32)　全国健康保険協会管掌健康保険の被保険者に支給される傷病手当金の額は、原則として、1日につき、傷病手当金の支給を始める日の属する月以前の直近の継続した（　①　）の各月の標準報酬月額の平均額を30で除した額に、（　②　）を乗じた額である。

1)　①　6カ月間　　　②　3分の2
2)　①　12カ月間　　②　3分の2
3)　①　12カ月間　　②　4分の3

(33)　雇用保険の基本手当を受給するためには、倒産、解雇、雇止めなどの場合を除き、原則として、離職の日以前（　①　）に被保険者期間が通算して（　②　）以上あることなどの要件を満たす必要がある。

1)　①　1年間　　　②　6カ月
2)　①　2年間　　　②　6カ月
3)　①　2年間　　　②　12カ月

(34)　子のいない障害等級1級に該当する者に支給される障害基礎年金の額

は、子のいない障害等級２級に該当する者に支給される障害基礎年金の額
の（　　　）に相当する額である。

1)　1.25倍

2)　1.50倍

3)　1.75倍

(35)　住宅金融支援機構と民間金融機関が提携した住宅ローンであるフラット
35（買取型）の融資額は、土地取得費を含めた住宅建設費用または住宅購
入価額以内で、最高（　①　）であり、融資金利は（　②　）である。

1)　①　8,000万円　　　②　固定金利

2)　①　　1億円　　　②　固定金利

3)　①　　1億円　　　②　変動金利

解答と解説

(31)　**3**　可処分所得の金額＝年収（給与収入）－（所得税・住民税＋社会保険料）

　　　　　　　　　　　　　　　＝750万円－（80万円＋100万円）

　　　　　　　　　　　　　　　＝<u>570万円</u>

(32)　**2**　傷病手当金の額は、原則として、１日につき、傷病手当金の支給を始め
る日の属する月以前の直近の継続した<u>12カ月間</u>の各月の標準報酬月額
の平均額を30で除した額に、<u>3分の2</u>を乗じた額である。

(33)　**3**　雇用保険の基本手当を受給するためには、原則として、離職の日以前<u>2
年間</u>に被保険者期間が通算して<u>12カ月</u>以上あることなどの要件を満た
す必要がある。

(34)　**1**　子のいない障害等級１級に該当する者に支給される障害基礎年金の額
は、子のいない障害等級２級に該当する者に支給される障害基礎年金の
額の<u>1.25倍</u>に相当する額である。

(35)　**1**　フラット35（買取型）の融資額は、土地取得費を含めた住宅建設費用
または住宅購入価額以内で、最高<u>8,000万円</u>であり、融資金利は<u>固定金
利</u>である。

ライフプランニングと資金計画(6)

次の文章の（　　）内にあてはまる最も適切な文章、語句、数字またはそれらの組合せを1）～3）のなかから選びなさい。

(31) 毎年一定金額を積み立てながら、一定の利率で複利運用した場合の一定期間経過後の元利合計額を試算する際、毎年の積立額に乗じる係数は、（　　）である。

1) 資本回収係数

2) 年金終価係数

3) 減債基金係数

(32) 退職により健康保険の被保険者資格を喪失した者で、喪失日の前日までに継続して（　①　）以上被保険者であった者は、所定の申出により、最長で（　②　）、健康保険の任意継続被保険者となることができる。

1) ① 1カ月　　　② 2年間

2) ① 2カ月　　　② 1年間

3) ① 2カ月　　　② 2年間

(33) 厚生年金保険の被保険者期間が（　①　）以上ある者が、老齢厚生年金の受給権を取得した当時、一定の要件を満たす（　②　）未満の配偶者を有する場合、当該受給権者が受給する老齢厚生年金に加給年金額が加算される。

1) ① 10年　　　② 65歳

2) ① 20年　　　② 65歳

3) ① 20年　　　② 70歳

(34) 確定拠出年金の個人型年金の老齢給付金を60歳から受給するためには、通算加入者等期間が（　　）以上なければならない。

1) 10年

2) 15年

3) 20年

(35) 下図は、住宅ローンの（ ① ）返済方式をイメージ図で表したもので あり、図中のPの部分は（ ② ）部分を、Qの部分は（ ③ ）部分を 示している。

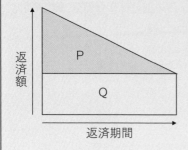

1) ① 元金均等　② 利息　③ 元金
2) ① 元利均等　② 元金　③ 利息
3) ① 元利均等　② 利息　③ 元金

解答と解説

(31) **2** 毎年一定金額を積み立てながら、一定の利率で複利運用した場合の一定 期間経過後の元利合計額を試算する際、毎年の積立額に乗じる係数は、 年金終価係数である。なお、資本回収係数は、元金を毎年同じ金額ずつ 取り崩していく場合の毎年の取崩し額を試算する際に使用し、減債基金 係数は、一定の利率で複利運用しながら一定期間経過後に目標とする額 を得るために必要な毎年の積立額を試算する際に使用する。

(32) **3** 退職により健康保険の被保険者資格を喪失した者で、喪失日の前日まで に継続して2カ月以上被保険者であった者は、所定の申出により、最長 で2年間、健康保険の任意継続被保険者となることができる。なお、任 継継続被保険者の保険料は、全額自己負担である。

(33) **2** 厚生年金保険の被保険者期間が20年以上ある者が、老齢厚生年金の受 給権を取得した当時、一定の要件を満たす65歳未満の配偶者を有する 場合、当該受給権者が受給する老齢厚生年金に加給年金額が加算され る。

(34) **1** 確定拠出年金の個人型年金の老齢給付金を60歳から受給するためには、 通算加入者等期間が10年以上なければならない。なお、10年未満の場

合は、通算加入者等期間の長さに応じて、61〜65歳までに受給を開始
することができる。

⑶5 1 この図は、住宅ローンの元金均等返済方式をイメージ図で表したもので
あり、図中のPの部分は利息部分を、Qの部分は元金部分（返済期間を
通じて元金部分が均等である）を示している。

第 2 章

B

リスク管理

リスク管理(1)

　次の文章を読んで、正しいものまたは適切なものには〇、誤っているもの
または不適切なものには×で答えなさい。

(6)　延長保険とは、一般に、保険料の払込みを中止して、その時点での解約
　　返戻金を基に、元契約よりも長い保険期間の定期保険に変更する制度であ
　　る。

(7)　収入保障保険の死亡保険金を一時金で受け取る場合の受取額は、一般
　　に、年金形式で受け取る場合の受取総額よりも少なくなる。

(8)　自動車保険の人身傷害保険では、被保険者が被保険自動車を運転中、自
　　動車事故により負傷した場合、損害額から自己の過失割合に相当する部分
　　を差し引いた金額が補償の対象となる。

(9)　普通傷害保険では、特約を付帯していない場合、細菌性食中毒は補償の
　　対象とならない。

(10)　自宅が火災で焼失したことにより契約者（＝保険料負担者）が受け取る
　　火災保険の保険金は、一時所得として所得税の課税対象となる。

解答と解説

(6)　×　延長保険とは、一般に、保険料の払込みを中止して、その時点での解約
　　　　返戻金を基に、元契約よりも短い保険期間の定期保険に変更する制度で
　　　　ある。なお、保険期間は、元契約と変わらない場合もある。

(7)　〇　正しい。収入保障保険は、死亡保険金を年金形式で受け取ることができ
　　　　る保険であるが、一時金で受け取ることもできる。ただし、一時金で受
　　　　け取る場合の受取額は、一般に、年金形式で受け取る場合の受取総額よ
　　　　りも少なくなる。

(8)　×　自動車保険の人身傷害保険では、被保険者が被保険自動車を運転中、自
　　　　動車事故により負傷した場合、損害額から自己の過失割合に相当する部
　　　　分は差し引かれずに補償される。つまり、保険金額の範囲内で示談を待

たずに損害額の全額が補償される。

(9) ○　正しい。普通傷害保険では、特約を付帯していない場合、細菌性食中毒やウイルス性食中毒は補償の対象とならない。なお、国内旅行傷害保険や海外旅行傷害保険ではこれらは補償の対象となる。

(10) ×　自宅が火災で焼失したことにより契約者（＝保険料負担者）が受け取る火災保険の保険金は、非課税である。

リスク管理(2)

次の文章を読んで、正しいものまたは適切なものには〇、誤っているもの
または不適切なものには×で答えなさい。

(6) 国内で事業を行う生命保険会社が破綻した場合、生命保険契約者保護機構による補償の対象となる保険契約については、高予定利率契約を除き、既払込保険料相当額の90％まで補償される。

(7) 定期保険特約付終身保険（更新型）は、定期保険特約を同額の保険金額で更新する場合、更新にあたって被保険者の健康状態についての告知や医師の診査は必要ない。

(8) 変額個人年金保険は、特別勘定の運用実績によって、将来受け取る年金額や死亡給付金額は変動するが、解約返戻金額は変動しない。

(9) 自動車保険の車両保険では、一般に、被保険自動車が洪水により水没したことによって被る損害は、補償の対象となる。

(10) 地震保険では、保険の対象である居住用建物または生活用動産（家財）の損害の程度が「全損」「大半損」「小半損」「一部損」のいずれかに該当した場合に、保険金が支払われる。

解答と解説

(6) ×　国内で事業を行う生命保険会社が破綻した場合、生命保険契約者保護機構による補償の対象となる保険契約については、高予定利率契約を除き、責任準備金等の90％まで補償される。

(7) 〇　正しい。従前の保険金額と同額で更新するにあたっては、告知や医師の診査は必要ない。

(8) ×　変額個人年金保険は、特別勘定の運用実績によって、将来受け取る年金額、死亡給付金額および解約返戻金額が変動する。

(9) 〇　正しい。車両保険では、一般に洪水による水没は補償の対象となる。

(10) 〇　正しい。なお、「全損」「大半損」「小半損」「一部損」について、それぞ

れ保険金額に対して100％、60％、30％、5％の保険金が支払われる。

リスク管理(3)

次の文章を読んで、正しいものまたは適切なものには○、誤っているもの
または不適切なものには×で答えなさい。

(6) こども保険（学資保険）において、保険期間中に契約者（＝保険料負担
者）である親が死亡した場合、一般に、既払込保険料相当額の死亡保険金
が支払われて保険契約は消滅する。

(7) 個人年金保険（終身年金）の保険料は、性別以外の契約条件が同一であ
れば、被保険者が女性のほうが男性よりも高くなる。

(8) 少額短期保険業者と契約した少額短期保険の保険料は、所得税の生命保
険料控除の対象とならない。

(9) 家族傷害保険（家族型）において、保険期間中に契約者（＝被保険者本
人）に子が生まれた場合、その子を被保険者に加えるためには追加保険料
を支払う必要がある。

(10) 自動車損害賠償責任保険（自賠責保険）では、他人の自動車や建物など
の財物を損壊し、法律上の損害賠償責任を負担することによって被る損害
は補償の対象とならない。

解答と解説

(6) **×** こども保険（学資保険）において、保険期間中に契約者（＝保険料負担
者）である親が死亡した場合、死亡保険金は支払われない。保険契約は
継続し、以後の保険料納付が免除されるが、祝金や満期保険金は支払わ
れる。

(7) **○** 正しい。終身年金は、一生涯年金を受け取ることができる個人年金保険
である。その保険料は、性別以外の契約条件が同一であれば、平均余命
の長い女性のほうが男性よりも高くなる。

(8) **○** 正しい。少額短期保険の保険料は、所得税・住民税において生命保険料
控除の対象とならない。

(9) ✕ 家族傷害保険（家族型）において、保険期間中に契約者（＝被保険者本人）に子が生まれた場合、その子は被保険者となるが、追加保険料の支払いは不要である。なお、被保険者の判定は、契約加入時ではなく事故発生時において行う。

(10) ○ 正しい。自動車損害賠償責任保険（自賠責保険）では、対人賠償事故は補償の対象となるが、対物賠償事故は補償の対象とならない。

次の文章の（　　）内にあてはまる最も適切な文章、語句、数字またはそれらの組合せを1）～3）のなかから選びなさい。

(36)　生命保険会社が（　　　）を引き上げた場合、通常、その後の終身保険の新規契約の保険料は安くなる。

1)　予定利率

2)　予定死亡率

3)　予定事業費率

(37)　生命保険契約において、契約者（＝保険料負担者）および被保険者が夫、死亡保険金受取人が妻である場合、夫の死亡により妻が受け取る死亡保険金は、（　　　）の課税対象となる。

1)　贈与税

2)　相続税

3)　所得税

(38)　地震保険の保険金額は、火災保険の保険金額の一定範囲内で設定するが、居住用建物については（　①　）、生活用動産については（　②　）が上限となる。

1)　①　1,000万円　　　②　500万円

2)　①　3,000万円　　　②　1,000万円

3)　①　5,000万円　　　②　1,000万円

(39)　民法および失火の責任に関する法律（失火責任法）において、借家人が軽過失によって火事を起こし、借家と隣家を焼失させた場合、借家の家主に対して損害賠償責任を（　①　）。また、隣家の所有者に対して損害賠償責任を（　②　）。

1)　①　負わない　　　②　負う

2)　①　負う　　　　　②　負う

3)　①　負う　　　　　②　負わない

(40) がん保険では、一般に、（　　　）程度の免責期間が設けられており、この期間中にがんと診断されたとしても診断給付金は支払われない。

1) 90日

2) 120日

3) 180日

解答と解説

(36) **1** 生命保険会社が予定利率を引き上げた場合、運用収益の増加が見込めるため、通常、その後の終身保険の新規契約の保険料は安くなる。終身保険の新規契約の保険料が安くなる要因は、以下のとおりである。

予定死亡率	予定利率	予定事業費率
引下げ	引上げ	引下げ

(37) **2** 生命保険契約において、契約者（＝保険料負担者）および被保険者が同一人である場合の死亡保険金は、相続税の課税対象となる。死亡保険金の課税関係をまとめると以下のとおりである。

契約者 （＝保険料負担者）	被保険者	死亡保険金受取人	課税対象
A	A	B	相続税
A	B	A	所得税
A	B	C	贈与税

(38) **3** 地震保険の保険金額は、火災保険の保険金額の30％から50％の範囲内で設定するが、居住用建物については5,000万円、生活用動産については1,000万円が上限となる。

(39) **3** 借家人が軽過失によって火事を起こし、借家と隣家を焼失させた場合、民法により借家の家主に対して損害賠償責任を負う（失火責任法は適用されない）。また、失火責任法により、隣家の所有者に対して損害賠償責任を負わない。

(40) **1** がん保険では、一般に、90日程度（または3ヵ月）の免責期間が設けられており、この期間中にがんと診断されたとしても診断給付金は支払われない。

リスク管理(5)

　次の文章の（　　）内にあてはまる最も適切な文章、語句、数字またはそれらの組合せを1）〜3）のなかから選びなさい。

(36)　生命保険の保険料は、大数の法則および（　①　）に基づき、予定死亡率、予定利率、（　②　）の３つの予定基礎率を用いて計算される。

1)　①　適合性の原則　　　　②　予定事業費率

2)　①　適合性の原則　　　　②　予定損害率

3)　①　収支相等の原則　　　②　予定事業費率

(37)　自動車損害賠償責任保険（自賠責保険）において、被害者１人当たりの保険金の支払限度額は、加害車両が１台の場合、死亡による損害については（　①　）、傷害による損害については（　②　）である。

1)　①　3,000万円　　　　②　120万円

2)　①　3,000万円　　　　②　150万円

3)　①　4,000万円　　　　②　150万円

(38)　個人賠償責任保険（特約）では、被保険者が（　　　　）、法律上の損害賠償責任を負うことによって被る損害は、補償の対象となる。

1)　業務中に自転車で歩行者に衝突してケガをさせてしまい

2)　自動車を駐車する際に誤って隣の自動車に傷を付けてしまい

3)　買い物中に誤って商品を落として破損させてしまい

(39)　スーパーマーケットを経営する企業が、火災により店舗が全焼し、休業した場合の利益損失を補償する保険として、（　　　　）がある。

1)　請負業者賠償責任保険

2)　企業費用・利益総合保険

3)　施設所有（管理）者賠償責任保険

(40)　医療保険等に付加される先進医療特約では、（　　　　）時点において厚生労働大臣により定められている先進医療が給付の対象となる。

1)　申込日

2) 責任開始日

3) 療養を受けた日

解答と解説

(36) **3** 生命保険の保険料は、大数の法則および<u>収支相等の原則</u>に基づき、予定死亡率、予定利率、<u>予定事業費率</u>の3つの予定基礎率を用いて計算される。収支相等の原則とは、「契約者が支払う保険料の総額および運用益」と「保険会社が保険金受取人に支払う保険金の総額および経費」は等しいという原則である。

(37) **1** 自動車損害賠償責任保険（自賠責保険）において、被害者1人当たりの保険金の支払限度額は、加害車両が1台の場合、死亡による損害については<u>3,000万円</u>、傷害による損害については<u>120万円</u>である。なお、加害車両が複数台の場合は、それぞれの保険金額を合算する。

(38) **3** 個人賠償責任保険（特約）では、業務中の事故や自動車事故により法律上の損害賠償責任を負うことによって被る損害は、補償の対象とならない。したがって、1）2）は補償の対象とならないが、3）は補償の対象となる。

(39) **2** 火災により店舗が全焼し、休業した場合の利益損失を補償する保険として、<u>企業費用・利益総合保険</u>がある。なお、請負業者賠償責任保険は、建設の請負業者が行う業務中の事故を補償する保険であり、施設所有（管理）者賠償責任保険は、施設内の業務遂行中に生じた事故を補償する保険である。

(40) **3** 先進医療特約では、<u>療養を受けた日</u>時点において厚生労働大臣により定められている先進医療が給付の対象となる。

リスク管理(6)

　次の文章の（　　　）内にあてはまる最も適切な文章、語句、数字またはそれらの組合せを1）〜3）のなかから選びなさい。

(36)　生命保険の保険料は、純保険料および付加保険料で構成されており、このうち付加保険料は、（　　　）に基づいて計算される。

1)　予定利率

2)　予定死亡率

3)　予定事業費率

(37)　国内で事業を行う生命保険会社が破綻した場合、生命保険契約者保護機構による補償の対象となる保険契約については、高予定利率契約を除き、（　①　）の（　②　）まで補償される。

1)　①　既払込保険料相当額　　②　70％

2)　①　死亡保険金額　　②　80％

3)　①　責任準備金等　　②　90％

(38)　自動車を運転中にハンドル操作を誤ってガードレールに衝突し、被保険者である運転者がケガをした場合、（　　　）による補償の対象となる。

1)　対人賠償保険

2)　人身傷害保険

3)　自動車損害賠償責任保険

(39)　所得税において、個人が支払う地震保険の保険料に係る地震保険料控除は、原則として、（　①　）を限度として年間支払保険料の（　②　）が控除額となる。

1)　①　5万円　　②　全額

2)　①　5万円　　②　2分の1相当額

3)　①　10万円　　②　2分の1相当額

(40)　がん保険において、がんの治療を目的とする入院により被保険者が受け取る入院給付金は、一般に、1回の入院での支払日数（　　　）。

1)　　に制限はない

2)　　は90日が限度となる

3)　　は180日が限度となる

解答と解説

(36)　**3**　生命保険の保険料は、純保険料および付加保険料で構成されており、このうち付加保険料は、予定事業費率に基づいて計算される。一方、純保険料は、予定利率および予定死亡率に基づいて計算される。

(37)　**3**　国内で事業を行う生命保険会社が破綻した場合、生命保険契約者保護機構による補償の対象となる保険契約については、高予定利率契約を除き、責任準備金等の90％まで補償される。

(38)　**2**　自動車を運転中にハンドル操作を誤ってガードレールに衝突し（＝単独事故）、被保険者である運転者がケガをした場合、人身傷害保険（人身傷害補償保険）による補償の対象となる。対人賠償保険と自動車損害賠償責任保険は、対人事故により他人をケガさせた場合などに補償の対象となる。

(39)　**1**　所得税において、個人が支払う地震保険の保険料に係る地震保険料控除は、原則として、5万円を限度として年間支払保険料の全額が控除額となる。なお、住民税においては、2万5,000円を限度として年間支払保険料の2分の1相当額が控除額となる。

(40)　**1**　がん保険において、がんの治療を目的とする入院により被保険者が受け取る入院給付金は、一般に、1回の入院での支払日数に制限はない。一方、医療保険においては、1回の入院での支払日数に制限がある（商品内容により日数は異なる）。

第 **3** 章

C

金融資産運用

金融資産運用⑴

> 次の文章を読んで、正しいものまたは適切なものには○、誤っているもの
> または不適切なものには×で答えなさい。
>
> ⑾ 全国企業短期経済観測調査（日銀短観）は、企業間で取引される財に関
> する価格の変動を測定した統計である。
>
> ⑿ 投資信託のパッシブ運用は、日経平均株価や東証株価指数（TOPIX）
> などのベンチマークに連動した運用成果を目指す運用手法である。
>
> ⒀ 一般に、残存期間や表面利率（クーポンレート）が同一であれば、格付
> の高い債券ほど利回りが低く、格付の低い債券ほど利回りが高くなる。
>
> ⒁ 配当性向とは、株価に対する1株当たり年間配当金の割合を示す指標で
> ある。
>
> ⒂ オプション取引において、特定の商品を将来の一定期日に、あらかじめ
> 決められた価格（権利行使価格）で売る権利のことを、コール・オプショ
> ンという。

解答と解説

⑾ **×** 全国企業短期経済観測調査（日銀短観）は、日本銀行が四半期ごとに企業に対して行う業況等に関するアンケート調査のことである。なお、企業間で取引される財に関する価格の変動を測定した統計は、企業物価指数であり、日本銀行が毎月公表している。

⑿ **○** 正しい。なお、ベンチマークを上回る運用成果を目指す運用手法のことを、アクティブ運用という。

⒀ **○** 正しい。格付の高い債券ほど債券価格は高いため利回りが低くなり、格付の低い債券ほど債券価格は低いため利回りが高くなる。

格付	債券価格	利回り
↗（高い）	↗（高い）	↘（低い）
↘（低い）	↘（低い）	↗（高い）

(14) ✕ 配当性向とは、当期純利益に対する年間配当金の割合を示す指標である。なお、株価に対する1株当たり年間配当金の割合を示す指標は、配当利回りである。

$$配当性向（\%）＝\frac{年間配当金総額}{当期純利益}\times 100$$

$$配当利回り（\%）＝\frac{1株当たり配当金}{株価}\times 100$$

(15) ✕ オプション取引において、特定の商品を将来の一定期日に、あらかじめ決められた価格（権利行使価格）で買う権利のことをコール・オプションといい、売る権利のことをプット・オプションという。

金融資産運用(2)

次の文章を読んで、正しいものまたは適切なものには○、誤っているもの
または不適切なものには×で答えなさい。

(11) 景気動向指数において、コンポジット・インデックス（CI）は、景気
拡張の動きの各経済部門への波及度合いを測定することを主な目的とした
指標である。

(12) 追加型の国内公募株式投資信託において、収益分配金支払後の基準価額
が受益者の個別元本を下回る場合、当該受益者に対する収益分配金は、そ
の全額が普通分配金となる。

(13) 債券の信用格付とは、債券やその発行体の信用評価を記号等で示したも
のであり、一般に、BBB（トリプルビー）格相当以上の格付が付された債
券は、投資適格債とされる。

(14) 日経平均株価は、東京証券取引所スタンダード市場に上場している代表
的な225銘柄を対象として算出される。

(15) オプション取引において、他の条件が同一であれば、満期までの残存期
間が長いほど、プレミアム（オプション料）は高くなる。

解答と解説

(11) ✕ 景気動向指数において、コンポジット・インデックス（CI）は、景気
変動の大きさやテンポ（量感）を測定することを主な目的とした指標で
ある。一方、ディフュージョン・インデックス（DI）は、景気拡張の
動きの各経済部門への波及度合いを測定することを主な目的とした指標
である。

(12) ✕ 追加型の国内公募株式投資信託において、収益分配金支払後の基準価額
が受益者の個別元本を下回る場合、当該受益者に対する収益分配金は、
普通分配金と元本払戻金（特別分配金）に区分される。たとえば、基準
価額1万600円で購入した投資信託が決算時に1万1,000円となり収益

分配金が1,000円支払われた後の基準価額が1万円となった場合、普通分配金は400円（＝1万1,000円－1万600円）、元本払戻金（特別分配金）は600円（＝1,000円－400円）となる。

(13) ○ 正しい。一般に、BBB（トリプルビー）格相当以上の格付が付された債券は、投資適格債とされ、BB（ダブルビー）格相当以下の格付が付された債券は、投機的債券（投資不適格債）とされる。

(14) × 日経平均株価は、東京証券取引所プライム市場に上場している代表的な225銘柄を対象として算出される。

(15) ○ 正しい。満期までの残存期間が長いほど収益機会が多いため、オプション（買う権利・売る権利）の価格であるプレミアム（オプション料）は高くなる。

金融資産運用⑶

次の文章を読んで、正しいものまたは適切なものには〇、誤っているもの または不適切なものには×で答えなさい。

⑾　日本銀行の金融政策の1つである公開市場操作（オペレーション）のう ち、国債買入オペは、日本銀行が長期国債（利付国債）を買い入れること によって金融市場に資金を供給するオペレーションである。

⑿　株式投資信託の運用において、個別銘柄の投資指標の分析や企業業績な どのリサーチによって投資対象とする銘柄を選定し、その積上げによりポー トフォリオを構築する手法を、トップダウン・アプローチという。

⒀　元金2,500,000円を、年利4％（1年複利）で3年間運用した場合の元 利合計額は、税金や手数料等を考慮しない場合、2,812,160円である。

⒁　為替予約を締結していない外貨定期預金において、満期時の為替レート が預入時の為替レートに比べて円高になれば、当該外貨定期預金の円換算 の利回りは高くなる。

⒂　日本国内に本店のある銀行の国内支店に預け入れた外貨預金は、元本 1,000万円までとその利息が預金保険制度による保護の対象となる。

解答と解説

⑾　〇　正しい。なお、逆に、国債売却オペは、日本銀行が長期国債（利付国 債）を売却することによって金融市場から資金を吸収するオペレーショ ンである。

⑿　×　個別銘柄の投資指標の分析や企業業績などのリサーチによって投資対象 とする銘柄を選定し、その積上げによりポートフォリオを構築する手法 を、ボトムアップ・アプローチという。一方、トップダウン・アプロー チとは、マクロ経済の分析によって、国別比率や業種別比率を決定する 手法である。

⒀　〇　正しい。

1年複利の元利合計額＝元本×（1＋年利）^{年数}
3年後の元利合計額＝2,500,000円×（1＋0.04）^{3年}
$$= 2,500,000円×1.04×1.04×1.04$$
$$= 2,812,160円$$

(14) ✕ 為替予約を締結していない外貨定期預金において、満期時の為替レート
が預入時の為替レートに比べて円安になれば、為替差益が生じるため、
当該外貨定期預金の円換算の利回りは高くなる。逆に、円高になれば、
為替差損が生じるため、当該外貨定期預金の円換算の利回りは低くな
る。

(15) ✕ 外貨預金は、預金保険制度による保護の対象とならない。

金融資産運用(4)

次の文章の（　　）内にあてはまる最も適切な文章、語句、数字またはそれらの組合せを1）〜3）のなかから選びなさい。

(41) 一般法人、個人、地方公共団体などの通貨保有主体が保有する通貨量の残高を集計したものを（　①　）といい、（　②　）が作成・公表している。

1) ① マネーストック　　　② 財務省
2) ① マネーストック　　　② 日本銀行
3) ① GDP　　　　　　　② 日本銀行

(42) 追加型株式投資信託を基準価額1万3,000円（1万口当たり）で1万口購入した後、最初の決算時に1万口当たり400円の収益分配金が支払われ、分配落ち後の基準価額が1万2,700円（1万口当たり）となった場合、その収益分配金のうち、普通分配金は（　①　）であり、元本払戻金（特別分配金）は（　②　）である。

1) ① 0円　　　② 400円
2) ① 100円　　② 300円
3) ① 300円　　② 100円

(43) 表面利率（クーポンレート）2％、残存期間5年の固定利付債券を、額面100円当たり104円で購入し、2年後に額面100円当たり102円で売却した場合の所有期間利回り（年率・単利）は、（　　　）である。なお、税金や手数料等は考慮しないものとし、答は表示単位の小数点以下第3位を四捨五入している。

1) 0.96％
2) 1.54％
3) 2.88％

(44) A資産の期待収益率が3.0％、B資産の期待収益率が5.0％の場合に、A資産を40％、B資産を60％の割合で組み入れたポートフォリオの期待収益率は、（　　　）となる。

1) 1.8%

2) 4.0%

3) 4.2%

(45) 預金保険制度の対象金融機関に預け入れた（　　　）は、預入金額の多寡にかかわらず、その全額が預金保険制度による保護の対象となる。

1) 定期積金

2) 決済用預金

3) 譲渡性預金

解答と解説

(41)　**2**　一般法人、個人、地方公共団体などの通貨保有主体が保有する通貨量の残高を集計したものを<u>マネーストック</u>といい、日本銀行が作成・公表している。なお、金融機関、国が保有する通貨量はマネーストックに含まれない。

(42)　**2**

購入時の基準価額	：1万3,000円
収益分配金	：　　 400円
分配落ち後の基準価額	：1万2,700円

分配落ち前の基準価額＝1万2,700円＋400円＝1万3,100円

普通分配金（収益部分からの分配金）＝1万3,100円－1万3,000円

＝<u>100円</u>

元本払戻金（元本部分からの分配金）＝400円－100円＝<u>300円</u>

(43)　**1**　所有期間利回りとは、償還前に債券を売却した場合の利回りのことをいう。

$$所有期間利回り（\%）＝\frac{1年間の利子＋\dfrac{売却価格－購入価格}{所有期間}}{購入価格}\times100$$

$$＝\frac{2円＋\dfrac{102円－104円}{2年}}{104円}\times100＝0.961\cdots\rightarrow\underline{0.96\%}$$

(44) **3** Ａ資産とＢ資産を組み入れたポートフォリオの期待収益率
＝Ａ資産の期待収益率×Ａ資産の組入比率＋Ｂ資産の期待収益率×Ｂ資産の組入比率
＝3.0%×0.4＋5.0%×0.6＝<u>4.2%</u>

(45) **2** 預金保険制度の対象金融機関に預け入れた<u>決済用預金</u>（無利息、要求払い、決済サービスの提供という３条件を満たした預金）は、預入金額の多寡にかかわらず、その全額が預金保険制度による保護の対象となる。決済用預金以外の付保預金は、１金融機関ごとに１人元本1,000万円までとその利息が保護される。なお、譲渡性預金（CD）は、預金保険制度による保護の対象とならない。

金融資産運用(5)

次の文章の（　　）内にあてはまる最も適切な文章、語句、数字またはそれらの組合せを1)～3)のなかから選びなさい。

(41) 一定期間内に国内で生産された財やサービスの付加価値の合計額から物価変動の影響を取り除いた指標を、（　　　）という。

1)　実質GDP

2)　名目GDP

3)　GDPデフレーター

(42) 投資信託の運用において、株価が企業の財務状況や利益水準などからみて、割安と評価される銘柄に投資する運用手法を、（　　）という。

1)グロース運用

2)バリュー運用

3)パッシブ運用

(43) 表面利率（クーポンレート）3％、残存期間2年の固定利付債券を額面100円当たり105円で購入した場合の最終利回り（年率・単利）は、（　　　）である。なお、税金等は考慮しないものとし、計算結果は表示単位の小数点以下第3位を四捨五入している。

1)　0.48％

2)　0.50％

3)　0.53％

(44) 株式の投資指標として利用されるROEは、（　①　）を（　②　）で除して算出される。

1)　①　当期純利益　　②　自己資本

2)　①　当期純利益　　②　総資産

3)　①　営業利益　　　②　総資産

(45) 外貨預金の預入時において、預入金融機関が提示する（　　）は、預金者が円貨を外貨に換える際に適用される為替レートである。

```
  1)  TTB
  2)  TTM
  3)  TTS
```

(41) **1** 一定期間内に国内で生産された財やサービスの付加価値の合計額のこと
をGDP（国内総生産）という。物価変動の影響を含んだ指標を名目
GDPといい、物価変動の影響を取り除いた指標を<u>実質GDP</u>という。な
お、国内経済の全体的な物価動向を示す指標がGDPデフレーターであ
る。

(42) **2** 投資信託の運用において、株価が企業の財務状況や利益水準などからみ
て、割安と評価される銘柄に投資する運用手法を、<u>バリュー運用</u>とい
う。バリューとは「割安」を意味する。なお、グロース運用とは、株価
が市場平均よりも高い（企業の成長性が高い）銘柄に投資する運用手法
であり、パッシブ運用とは、目標とするベンチマークに連動する運用成
果を目指す運用手法である。

(43) **1** 最終利回りとは、すでに発行された債券を購入し、償還まで保有する場
合の利回りのことをいう。

$$最終利回り（％）＝\frac{表面利率＋\dfrac{償還価格（額面金額100円）－購入価格}{残存期間}}{購入価格}×100$$

$$＝\frac{3円＋\dfrac{100円－105円}{2年}}{105円}×100＝0.476\cdots → \underline{0.48％}$$

(44) **1** ROE（自己資本利益率）は、<u>当期純利益</u>を<u>自己資本</u>で除して算出される。

$$ROE（％）＝\frac{当期純利益}{自己資本}×100$$

(45) **3** 外貨預金の預入時において、預入金融機関が提示する<u>TTS</u>（対顧客電信
売相場）は、預金者が円貨を外貨に換える際に適用される為替レートで
ある。一方、外貨預金の換金時において、預入金融機関が提示する
TTB（対顧客電信買相場）は、預金者が外貨を円貨に換える際に適用さ
れる為替レートである。

金融資産運用⑹

次の文章の（　）内にあてはまる最も適切な文章、語句、数字またはそれらの組合せを1）〜3）のなかから選びなさい。

⑷ 景気動向指数において、完全失業率は、（　　）に採用されている。
1）　先行系列
2）　一致系列
3）　遅行系列

⑷ 追加型株式投資信託を基準価額1万200円（1万口当たり）で1万口購入した後、最初の決算時に1万口当たり700円の収益分配金が支払われ、分配落ち後の基準価額が1万円（1万口当たり）となった場合、その収益分配金のうち、普通分配金は（　①　）であり、元本払戻金（特別分配金）は（　②　）である。
1）　①　200円　　　②　500円
2）　①　500円　　　②　200円
3）　①　700円　　　②　200円

⑷ 表面利率（クーポンレート）4％、残存期間5年の固定利付債券を額面100円当たり104円で購入した場合の最終利回り（年率・単利）は、（　　）である。なお、税金等は考慮しないものとし、計算結果は表示単位の小数点以下第3位を四捨五入している。
1）　3.08％
2）　3.20％
3）　3.33％

⑷ 株式の投資指標のうち、（　　）は、株価を1株当たり当期純利益で除して算出される。
1）　PBR
2）　PER
3）　BPS

第3章 C 金融資産運用

(45) 異なる2資産からなるポートフォリオにおいて、2資産間の相関係数が
（　　　）である場合、分散投資によるリスクの低減効果は最大となる。

1)　＋1

2)　　0

3)　－1

解答と解説

(41)　**3**　景気動向指数において、完全失業率は、遅行系列（景気よりも遅れて数
値に現れる経済指標のグループ）に採用されている。

(42)　**2**

購入時の基準価額	：1万200円
収益分配金	：　700円
分配落ち後の基準価額：	1万円

分配落ち前の基準価額＝1万円＋700円＝1万700円

普通分配金（収益部分からの分配金）＝1万700円－1万200円

$$= 500円$$

元本払戻金（元本部分からの分配金）＝700円－500円＝200円

(43)　**1**　最終利回りとは、すでに発行された債券を購入し、償還まで保有する場
合の利回りのことをいう。

$$最終利回り（％）＝\frac{表面利率＋\dfrac{償還価格（額面金額100円）－購入価格}{残存期間}}{購入価格}×100$$

$$=\frac{4円＋\dfrac{100円－104円}{5年}}{104円}×100＝3.076\cdots→\underline{3.08\%}$$

(44)　**2**　PER（株価収益率）は、株価を1株当たり当期純利益で除して算出され
る。一方、PBR（株価純資産倍率）は、株価を1株当たり純資産で除し
て算出される。

$$PER（倍）＝\frac{株価}{1株当たり当期純利益（EPS）}$$

$$PBR（倍）＝\frac{株価}{1株当たり純資産（BPS）}$$

(45) **3** 2資産間の相関係数が−1である場合、分散投資によるリスクの低減効果は最大となる。なお、相関係数とは、2資産間の値動きの関連性を−1～＋1までの数値で表したものである。

相関係数＝−1	2資産は全く反対に動く 分散投資によるリスク低減効果は最大となる
相関係数＝0	2資産間の値動きに関連性はない
相関係数＝＋1	2資産は全く同じ動きをする 分散投資によるリスク低減効果は得られない

D

タックスプランニング

D-1

■

D-1

✓Check! □□□

2023年5月第1問

タックスプランニング(1)

次の文章を読んで、正しいものまたは適切なものには○、誤っているものまたは不適切なものには×で答えなさい。

(16) 所得税において、国債や地方債などの特定公社債の利子は、総合課税の対象となる。

(17) 退職手当等の支払を受ける個人がその支払を受ける時までに「退職所得の受給に関する申告書」を提出した場合、その支払われる退職手当等の金額に20.42%の税率を乗じた金額に相当する所得税および復興特別所得税が源泉徴収される。

(18) 所得税において、国民年金基金の掛金は、社会保険料控除の対象となる。

(19) 所得税において、生計を一にする配偶者の合計所得金額が48万円を超える場合、配偶者控除の適用を受けることはできない。

(20) 住宅ローンを利用してマンションを取得し、所得税の住宅借入金等特別控除の適用を受ける場合、借入金の償還期間は、20年以上でなければならない。

解答と解説

(16) × 国債や地方債などの特定公社債の利子は、申告分離課税の対象となる。なお、預貯金の利子は、源泉分離課税の対象となる。

(17) × 退職手当等の支払を受ける個人がその支払を受ける時までに「退職所得の受給に関する申告書」を提出しない場合、その支払われる退職手当等の金額に20.42%の税率を乗じた金額に相当する所得税および復興特別所得税が源泉徴収される。なお、「退職所得の受給に関する申告書」を提出した場合、退職所得の金額に対して適正な所得税および復興特別所得税が源泉徴収される。

(18) ○ 正しい。

(19) ○ 正しい。所得税において、配偶者控除の適用を受けるためには、納税者の合計所得金額が1,000万円以下で、生計を一にする配偶者の合計所得金額が48万円以下でなければならない。

(20) × 住宅ローンを利用してマンションを取得し、所得税の住宅借入金等特別控除の適用を受ける場合、借入金の償還期間は、<u>10年</u>以上でなければならない。

タックスプランニング⑵

次の文章を読んで、正しいものまたは適切なものには〇、誤っているものまたは不適切なものには×で答えなさい。

(16) 電車・バス等の交通機関を利用して通勤している給与所得者が、勤務先から受ける通勤手当は、所得税法上、月額10万円を限度に非課税とされる。

(17) 確定拠出年金の個人型年金の老齢給付金を全額一時金で受け取った場合、当該老齢給付金は、一時所得として所得税の課税対象となる。

(18) セルフメディケーション税制（特定一般用医薬品等購入費を支払った場合の医療費控除の特例）の対象となるスイッチOTC医薬品等の購入費を支払った場合、その購入費用の全額を所得税の医療費控除として総所得金額等から控除することができる。

(19) 上場不動産投資信託（J-REIT）の分配金は、確定申告をすることにより所得税の配当控除の適用を受けることができる。

(20) 給与所得者のうち、その年中に支払を受けるべき給与の収入金額が1,000万円を超える者は、所得税の確定申告をしなければならない。

解答と解説

(16) × 電車・バス等の交通機関を利用して通勤している給与所得者が、勤務先から受ける通勤手当は、所得税法上、月額15万円を限度に非課税とされる。

(17) × 確定拠出年金の個人型年金の老齢給付金を全額一時金で受け取った場合、当該老齢給付金は、退職所得として所得税の課税対象となる。なお、分割で受け取る場合は、雑所得として所得税の課税対象となる。

(18) × セルフメディケーション税制の対象となるスイッチOTC医薬品等の購入費を支払った場合、その購入費用（保険金等で補てんされる金額を除く）から12,000円を差し引いた額を所得税の医療費控除として総所得

金額等から控除することができる。なお、88,000円が上限である。

(19) ✕ 　上場不動産投資信託（J-REIT）の分配金は、総合課税を選択して確定申告した場合であっても、所得税の配当控除の適用を受けることができない。

(20) ✕ 　給与所得者のうち、その年中に支払を受けるべき給与の収入金額が2,000万円を超える者は、所得税の確定申告をしなければならない。

タックスプランニング(3)

　次の文章を読んで、正しいものまたは適切なものには〇、誤っているもの
または不適切なものには×で答えなさい。

(16)　所得税における一時所得に係る総収入金額が400万円で、その収入を得
　　るために支出した金額が200万円である場合、一時所得の金額のうち総所
　　得金額に算入される金額は、75万円である。

(17)　個人が賃貸アパートの敷地および建物を売却したことにより生じた所得
　　は、不動産所得となる。

(18)　所得税において、納税者の合計所得金額が1,000万円を超えている場
　　合、医療費控除の適用を受けることができない。

(19)　所得税において、その年の12月31日時点の年齢が16歳未満である扶養
　　親族は、扶養控除の対象となる控除対象扶養親族に該当しない。

(20)　所得税において、上場株式の配当に係る配当所得について申告分離課税
　　を選択した場合、配当控除の適用を受けることができない。

解答と解説

(16)　〇　正しい。

一時所得の金額＝総収入金額－その収入を得るために支出した金額－特
　　　別控除額（最高50万円）

＝400万円－200万円－50万円＝150万円

総所得金額に算入される金額＝一時所得の金額×$\frac{1}{2}$

＝150万円×$\frac{1}{2}$＝75万円

(17)　×　個人が賃貸アパートの敷地および建物を売却したことにより生じた所得
　　は、譲渡所得となる。なお、賃貸アパートの家賃収入により生じた所得
　　は、不動産所得となる。

(18) ✕ 医療費控除の適用に当たって、納税者の所得金額に関する要件はない。

(19) ◯ 正しい。控除対象扶養親族とは、その年の12月31日時点の年齢が16歳以上である扶養親族のことをいう。

(20) ◯ 正しい。上場株式の配当に係る配当所得について総合課税を選択した場合に限り、配当控除の適用を受けることができる。

タックスプランニング(4)

　次の文章の（　　）内にあてはまる最も適切な文章、語句、数字またはそれらの組合せを1）〜3）のなかから選びなさい。

(46)　所得税において、2022年中に取得した建物（鉱業用減価償却資産等を除く）に係る減価償却の方法は、（　　　）である。
1)　定額法
2)　定率法
3)　低価法

(47)　所得税において、（　　　）、事業所得、山林所得、譲渡所得の金額の計算上生じた損失の金額は、一定の場合を除き、他の所得の金額と損益通算することができる。
1)　一時所得
2)　不動産所得
3)　雑所得

(48)　所得税において、控除対象扶養親族のうち、その年の12月31日時点の年齢が16歳以上19歳未満である扶養親族に係る扶養控除の額は、扶養親族1人につき（　　　）である。
1)　38万円
2)　48万円
3)　63万円

(49)　所得税の確定申告をしなければならない者は、原則として、所得が生じた年の翌年の（　①　）から（　②　）までの間に、納税地の所轄税務署長に対して確定申告書を提出しなければならない。
1)　①　2月1日　　　②　3月15日
2)　①　2月16日　　②　3月15日
3)　①　2月16日　　②　3月31日

(50)　所得税において、青色申告者に損益通算してもなお控除しきれない損失

の金額（純損失の金額）が生じた場合、その損失の金額を翌年以後最長で
（　　　）繰り越して、翌年以後の所得金額から控除することができる。

1)　3年間

2)　5年間

3)　7年間

解答と解説

(46)　**1**　1998年4月1日以降、新たに取得した建物（鉱業用減価償却資産等を除く）に係る減価償却の方法は、<u>定額法</u>である。

（注）　また、2016年4月1日以後に取得した建物附属設備および構築物の償却方法も定額法である。

(47)　**2**　<u>不動産所得</u>、事業所得、山林所得、譲渡所得の金額の計算上生じた損失の金額に限り、一定の場合を除いて、他の所得の金額と損益通算することができる。

(48)　**1**　その年の12月31日時点の年齢が16歳以上19歳未満である控除対象扶養親族に係る扶養控除の額は、扶養親族1人につき<u>38万円</u>である。扶養親族1人当たりの扶養控除の額は、以下のとおりである。

扶養親族の年齢	区分	控除額
16歳未満	（対象外）	（0円）
16歳以上19歳未満	一般の控除対象扶養親族	38万円
19歳以上23歳未満	特定扶養親族	63万円
23歳以上70歳未満	一般の控除対象扶養親族	38万円
70歳以上	老人扶養親族	48万円（下記以外） 58万円（同居老親等）

(49)　**2**　所得税の確定申告をしなければならない者は、原則として、所得が生じた年の翌年の<u>2月16日</u>から<u>3月15日</u>までの間に、納税地の所轄税務署長に対して確定申告書を提出しなければならない。

(50)　**1**　青色申告者に損益通算してもなお控除しきれない損失の金額（純損失の金額）が生じた場合、原則として、その損失の金額を翌年以後最長で<u>3年間</u>繰り越して、翌年以後の所得金額から控除することができる。

タックスプランニング⑸

次の文章の（　　）内にあてはまる最も適切な文章、語句、数字またはそれらの組合せを1）～3）のなかから選びなさい。

⑷⑹　固定資産のうち、（　　　）は減価償却の対象とされない資産である。

1）　特許権

2）　ソフトウエア

3）　土地

⑷⑺　所得税において、ふるさと納税の謝礼として地方公共団体から受ける返礼品に係る経済的利益は、（　　　）として総合課税の対象となる。

1）　一時所得

2）　配当所得

3）　雑所得

⑷⑻　所得税において、所定の要件を満たす子を有し、現に婚姻をしていない者がひとり親控除の適用を受けるためには、納税者本人の合計所得金額が（　　　）以下でなければならない。

1）　200万円

2）　350万円

3）　500万円

⑷⑼　所得税において、控除対象扶養親族のうち、その年の12月31日時点の年齢が（　①　）以上（　②　）未満である者は、特定扶養親族に該当する。

1）　①　16歳　　　②　19歳

2）　①　18歳　　　②　22歳

3）　①　19歳　　　②　23歳

⑸⑽　その年の1月16日以後新たに事業所得を生ずべき業務を開始した納税者が、その年分から所得税の青色申告の承認を受けようとする場合、原則として、その業務を開始した日から（　　　）以内に、青色申告承認申請

書を納税地の所轄税務署長に提出しなければならない。

1) 2カ月

2) 3カ月

3) 6カ月

解答と解説

(46)　**3**　減価償却の対象とされる固定資産とは、時間の経過等によってその価値が減っていく資産であり、土地は該当しない。

(47)　**1**　所得税において、ふるさと納税の謝礼として地方公共団体から受ける返礼品に係る経済的利益は、一時所得として総合課税の対象となる。

（注）　ただし、一時所得の特別控除額は最高50万円とされているため、その年中の他の一時所得も含めた一時所得の収入金額の合計額が50万円を超えない場合、課税関係は生じない。

(48)　**3**　所得税において、ひとり親控除の適用を受けるためには、納税者本人の合計所得金額が500万円以下でなければならない。

(49)　**3**　所得税において、控除対象扶養親族のうち、その年の12月31日時点の年齢が19歳以上23歳未満である者は、特定扶養親族に該当する。なお、所得税における控除額は1人63万円である。

(50)　**1**　その年の1月16日以後新たに事業所得を生ずべき業務を開始した納税者が、その年分から所得税の青色申告の承認を受けようとする場合、原則として、その業務を開始した日から2カ月以内に、青色申告承認申請書を納税地の所轄税務署長に提出しなければならない。

第4章

D

タックスプランニング

タックスプランニング(6)

次の文章の（　　）内にあてはまる最も適切な文章、語句、数字またはそれらの組合せを1）～3）のなかから選びなさい。

(46) 所得税において、病気で入院したことにより医療保険の被保険者が受け取った入院給付金は、（　　）とされる。

1) 非課税所得

2) 一時所得

3) 雑所得

(47) 所得税において、為替予約を締結していない外貨定期預金を満期時に円貨で払い戻した結果生じた為替差益は、（　　）として総合課税の対象となる。

1) 利子所得

2) 一時所得

3) 雑所得

(48) 日本国内において支払を受ける預貯金の利子は、原則として、所得税および復興特別所得税と住民税の合計で（　①　）の税率による（　②　）分離課税の対象となる。

1) ①　10.21％　　②　申告

2) ①　20.315％　　②　申告

3) ①　20.315％　　②　源泉

(49) 所得税において、納税者の合計所得金額が2,400万円以下である場合、基礎控除の控除額は、（　　）である。

1) 38万円

2) 48万円

3) 63万円

(50) 年末調整の対象となる給与所得者は、所定の手続により、年末調整で所得税の（　　）の適用を受けることができる。

1)　雑損控除
2)　寄附金控除
3)　小規模企業共済等掛金控除

解答と解説

(46)　**1**　病気で入院したことにより医療保険の被保険者が受け取った入院給付金は、<u>非課税所得</u>とされる。

　　（注）　ただし、医療費控除を受ける場合には、その金額を支払った医療費から差し引かなければならない。

(47)　**3**　為替予約を締結していない外貨定期預金を満期時に円貨で払い戻した結果生じた為替差益は、<u>雑所得</u>として総合課税の対象となる。なお、為替予約を締結している場合には、利子と同様に源泉分離課税の対象となる。

(48)　**3**　日本国内において支払を受ける預貯金の利子は、原則として、所得税および復興特別所得税（15.315％）と住民税（5％）の合計で<u>20.315％</u>の税率による<u>源泉分離課税</u>の対象となる。

(49)　**2**　所得税において、納税者の合計所得金額が2,400万円以下である場合、基礎控除の控除額は、<u>48万円</u>である。所得税における基礎控除の控除額は、以下のとおりである。

合計所得金額	控除額
2,400万円以下	48万円
2,400万円超　2,450万円以下	32万円
2,450万円超　2,500万円以下	16万円

(50)　**3**　年末調整の対象となる給与所得者は、所定の手続により、年末調整で所得税の<u>小規模企業共済等掛金控除</u>の適用を受けることはできるが、「雑損控除」「寄附金控除」「医療費控除」の適用を受けることはできない。

第 **5** 章

E
不動産

不動産(1)

次の文章を読んで、正しいものまたは適切なものには〇、誤っているものまたは不適切なものには×で答えなさい。

(21) 不動産登記には公信力が認められていないため、登記記録上の権利者が真実の権利者と異なっている場合に、登記記録を信じて不動産を購入した者は、原則として、その不動産に対する権利の取得について法的に保護されない。

(22) アパートやマンションの所有者が、当該建物を賃貸して家賃収入を得るためには、宅地建物取引業の免許を取得しなければならない。

(23) 都市計画区域内にある建築物の敷地は、原則として、建築基準法に規定する道路に2m以上接していなければならない。

(24) 個人が相続により取得した被相続人の居住用家屋およびその敷地を譲渡し、「被相続人の居住用財産（空き家）に係る譲渡所得の特別控除の特例」の適用を受けるためには、譲渡資産の譲渡対価の額が6,000万円以下であることなどの要件を満たす必要がある。

(25) 土地の有効活用において、一般に、土地所有者が入居予定の事業会社から建設資金を借り受けて、事業会社の要望に沿った店舗等を建設し、その店舗等を事業会社に賃貸する手法を、建設協力金方式という。

解答と解説

(21) 〇 正しい。不動産登記には、公信力が認められていない。

(22) × アパートやマンションの所有者が、当該建物を賃貸して家賃収入を得る行為は、宅地建物取引業には該当しないため、宅地建物取引業の免許の取得は不要である。なお、以下の業務を業として行うためには、宅地建物取引業の免許を取得しなければならない。

> ・宅地建物を自ら、売買・交換する。
>
> ・宅地建物の売買・交換・貸借の代理をする。
>
> ・宅地建物の売買・交換・貸借の媒介をする。

(23) ○ 正しい。都市計画区域および準都市計画区域内にある建築物の敷地は、原則として、建築基準法に規定する道路（原則として幅員4m以上の道路）に2m以上接していなければならない。このことを接道義務という。

(24) × 個人が相続により取得した被相続人の居住用家屋およびその敷地を譲渡し、「被相続人の居住用財産（空き家）に係る譲渡所得の特別控除の特例」の適用を受けるためには、譲渡資産の譲渡対価の額が1億円以下であることなどの要件を満たす必要がある。

(25) ○ 正しい。なお、土地所有者が借り受けた建設資金は、将来、事業会社（テナント）から受け取る賃貸料から返済する。

第5章

E

不動産

不動産(2)

次の文章を読んで、正しいものまたは適切なものには〇、誤っているもの
または不適切なものには×で答えなさい。

(21)　不動産の登記事項証明書は、対象不動産について利害関係を有する者以
　　　外であっても、交付を請求することができる。

(22)　借地借家法によれば、定期建物賃貸借契約（定期借家契約）では、貸主
　　　に正当の事由があると認められる場合でなければ、貸主は、借主からの契
　　　約の更新の請求を拒むことができないとされている。

(23)　都市計画法によれば、市街化区域については、用途地域を定めるものと
　　　し、市街化調整区域については、原則として用途地域を定めないものとさ
　　　れている。

(24)　建築基準法によれば、建築物の敷地が2つの異なる用途地域にわたる場
　　　合、その全部について、建築物の用途制限がより厳しい用途地域の建築物
　　　の用途に関する規定が適用される。

(25)　「居住用財産を譲渡した場合の長期譲渡所得の課税の特例」（軽減税率の
　　　特例）の適用を受けるためには、譲渡した居住用財産の所有期間が譲渡し
　　　た日の属する年の1月1日において10年を超えていなければならない。

解答と解説

(21)　〇　正しい。不動産の登記事項証明書は、だれでも交付を請求することがで
　　　　　きる。

(22)　×　定期建物賃貸借契約（定期借家契約）では、存続期間が満了した場合に
　　　　　更新されない。

(23)　〇　正しい。なお、市街化区域とは既に市街地を形成している区域およびお
　　　　　おむね10年以内に優先的かつ計画的に市街化を図るべき区域をいい、
　　　　　市街化調整区域とは市街化を抑制すべき区域をいう。

(24) ✕ 建築物の敷地が２つの異なる用途地域にわたる場合、敷地の過半の属する用途地域の建築物の用途に関する規定が敷地全体に適用される。

(25) ◯ 正しい。

不動産(3)

　次の文章を読んで、正しいものまたは適切なものには○、誤っているもの
または不適切なものには×で答えなさい。

(21)　不動産の登記記録において、所有権の移転に関する事項は、権利部（甲区）に記録される。

(22)　宅地建物取引業法によれば、宅地または建物の売買の媒介契約のうち、専任媒介契約を締結した宅地建物取引業者は、依頼者に対し、当該契約に係る業務の処理状況を2カ月に1回以上報告しなければならない。

(23)　建築基準法によれば、建築物が防火地域および準防火地域にわたる場合、原則として、その全部について、敷地の過半が属する地域内の建築物に関する規定が適用される。

(24)　不動産取得税は、相続人が不動産を相続により取得した場合には課されない。

(25)　不動産投資に係る収益性を測る指標のうち、純利回り（NOI利回り）は、対象不動産から得られる年間の総収入額を総投資額で除して算出される。

解答と解説

(21)　○　正しい。所有権に関する事項は権利部（甲区）に記録され、所有権以外の権利に関する事項は権利部（乙区）に記録される。

(22)　×　専任媒介契約を締結した宅地建物取引業者は、依頼者に対し、当該契約に係る業務の処理状況を2週間に1回以上報告しなければならない。なお、専属専任媒介契約の場合は、1週間に1回以上となる。

(23)　×　建築物が防火地域および準防火地域にわたる場合、原則として、その全部について、防火地域内（規定が厳しいほう）の建築物に関する規定が適用される。

(24) ○ 正しい。なお、不動産を贈与により取得した場合には課される。

(25) × 純利回り（NOI利回り）は、対象不動産から得られる年間の総収入額から年間の費用を差し引いた純収益を総投資額で除して算出される。

$$純利回り（NOI利回り）（\%）=\frac{純収益（年間収入－年間費用）}{総投資額}\times 100$$

不動産(4)

次の文章の（　　）内にあてはまる最も適切な文章、語句、数字またはそれらの組合せを1）〜3）のなかから選びなさい。

(51)　相続税路線価は、地価公示の公示価格の（　①　）を価格水準の目安として設定されており、（　②　）のホームページで閲覧可能な路線価図で確認することができる。

1)　①　70%　　②　国土交通省
2)　①　80%　　②　国税庁
3)　①　90%　　②　国税庁

(52)　借地借家法によれば、定期建物賃貸借契約（定期借家契約）の賃貸借期間が1年以上である場合、賃貸人は、原則として、期間満了の1年前から（　　）前までの間に、賃借人に対して期間満了により契約が終了する旨の通知をしなければ、その終了を賃借人に対抗することができない。

1)　1カ月
2)　3カ月
3)　6カ月

(53)　建築基準法によれば、第一種低層住居専用地域内の建築物の高さは、原則として（　　）のうち当該地域に関する都市計画において定められた建築物の高さの限度を超えてはならないとされている。

1)　10mまたは12m
2)　10mまたは20m
3)　12mまたは15m

(54)　市街化区域内において、所有する農地を自宅の建築を目的として宅地に転用する場合、あらかじめ（　　）に届出をすれば都道府県知事等の許可は不要である。

1)　農業委員会
2)　市町村長
3)　国土交通大臣

(55) 個人が自宅の土地および建物を譲渡し、「特定の居住用財産の買換えの
場合の長期譲渡所得の課税の特例」の適用を受けるためには、譲渡した年
の1月1日において譲渡資産の所有期間が（　①　）を超えていること
や、譲渡資産の譲渡対価の額が（　②　）以下であることなどの要件を満
たす必要がある。

1) ① 5年　　② 1億円
2) ① 5年　　② 1億6,000万円
3) ① 10年　　② 1億円

解答と解説

(51) **2** 相続税路線価は、地価公示の公示価格の<u>80%</u>を価格水準の目安として
設定されており、公表元である<u>国税庁</u>のホームページで閲覧可能な路線
価図で確認することができる。

(52) **3** 借地借家法によれば、定期建物賃貸借契約（定期借家契約）の賃貸借期
間が1年以上である場合、賃貸人は、原則として、期間満了の1年前か
ら<u>6カ月</u>前までの間に、賃借人に対して期間満了により契約が終了する
旨の通知をしなければ、その終了を賃借人に対抗することができない。
なお、定期建物賃貸借契約（定期借家契約）とは、期間満了により更新
されない建物賃貸借契約のことである。

(53) **1** 建築基準法によれば、第一種低層住居専用地域、第二種低層住居専用地
域および田園住居地域内の建築物の高さは、原則として<u>10m</u>または
<u>12m</u>のうち当該地域に関する都市計画において定められた建築物の高
さの限度を超えてはならないとされている。このことを、絶対高さ制限
という。

(54) **1** 市街化区域内において、所有する農地を自宅の建築を目的として宅地に
転用する場合（農地法4条）、あらかじめ<u>農業委員会</u>に届出をすれば都
道府県知事等の許可は不要である。

(55) **3** 個人が自宅の土地および建物を譲渡し、「特定の居住用財産の買換えの
場合の長期譲渡所得の課税の特例」の適用を受けるためには、譲渡した
年の1月1日において譲渡資産の所有期間が<u>10年</u>を超えていることや、
譲渡資産の譲渡対価の額が<u>1億円</u>以下であることなどの要件を満たす必
要がある。

不動産(5)

次の文章の（　）内にあてはまる最も適切な文章、語句、数字またはそれらの組合せを1）～3）のなかから選びなさい。

(51) 相続税路線価は、相続税や（　①　）を算定する際の土地等の評価額の基準となる価格であり、地価公示法による公示価格の（　②　）を価格水準の目安として設定される。

1)　①　贈与税　　　　②　70％
2)　①　贈与税　　　　②　80％
3)　①　固定資産税　　②　80％

(52) 下記の200㎡の土地に建築面積120㎡、延べ面積160㎡の2階建ての住宅を建築した場合、当該建物の建蔽率は、（　　　）である。

幅員6m公道

200㎡

1)　60％
2)　80％
3)　100％

(53) 建物の区分所有等に関する法律（区分所有法）によれば、規約の変更は、区分所有者および議決権の各（　　　）以上の多数による集会の決議によらなければならない。

1)　3分の2

2) 4分の3

3) 5分の4

(54) 投資総額5,000万円で購入した賃貸用不動産の年間収入の合計額が270万円、年間費用の合計額が110万円である場合、この投資の純利回り（NOI利回り）は、（　　）である。

1) 2.2%

2) 3.2%

3) 5.4%

(55) 自己が居住していた家屋を譲渡する場合、その家屋に居住しなくなった日から（　①　）を経過する日の属する年の（　②　）までに譲渡しなければ、「居住用財産を譲渡した場合の3,000万円の特別控除」の適用を受けることができない。

1) ①　3年　　　②　3月15日

2) ①　3年　　　②　12月31日

3) ①　5年　　　②　12月31日

解答と解説

(51)　**2**　相続税路線価は、相続税や贈与税を算定する際の土地等の評価額の基準となる価格であり、地価公示法による公示価格の80%を価格水準の目安として設定される。

(52)　**1**　建蔽率（%）＝ $\dfrac{建築面積}{敷地面積}$ × 100

$$= \dfrac{120㎡}{200㎡} \times 100 = \underline{60\%}$$

(53)　**2**　区分所有法によれば、規約の設定・変更・廃止は、区分所有者および議決権の各4分の3以上の多数による集会の決議によらなければならない。

(54)　**2**　不動産投資の純利回り（NOI利回り）は、純収益を投資総額で除して計算する。

$$\text{純利回り（NOI利回り）（\%）} = \frac{\text{純収益（年間収入－年間費用）}}{\text{投資総額}} \times 100$$

$$= \frac{270\text{万円} - 110\text{万円}}{5,000\text{万円}} \times 100 = 3.2\%$$

⑸ **2** 自己が居住していた家屋を譲渡する場合、その家屋に居住しなくなった日から<u>3年</u>を経過する日の属する年の<u>12月31日</u>までに譲渡しなければ、「居住用財産を譲渡した場合の3,000万円の特別控除」の適用を受けることができない。

不動産⑹

　次の文章の（　　）内にあてはまる最も適切な文章、語句、数字またはそれらの組合せを1）〜3）のなかから選びなさい。

⑸1　宅地に係る固定資産税評価額は、原則として、（　①　）ごとの基準年度において評価替えが行われ、前年の地価公示法による公示価格等の（　②　）を目途として評定される。

1）　①　3年　　　　②　70%

2）　①　3年　　　　②　80%

3）　①　5年　　　　②　80%

⑸2　都市計画法によれば、市街化調整区域は、（　　　　）とされている。

1）　既に市街地を形成している区域

2）　市街化を抑制すべき区域

3）　優先的かつ計画的に市街化を図るべき区域

⑸3　都市計画区域内にある幅員4m未満の道で、建築基準法第42条第2項により道路とみなされるものについては、原則として、その中心線からの水平距離で（　①　）後退した線がその道路の境界線とみなされ、当該境界線と道路の間の敷地部分は建蔽率や容積率を算定する際の敷地面積に算入（　②　）。

1）　①　2m　　　　②　することができる

2）　①　2m　　　　②　することができない

3）　①　4m　　　　②　することができない

⑸4　農地法によれば、農地を農地以外のものに転用する場合、原則として、（　①　）の許可を受けなければならないが、市街化区域内にある農地を農地以外のものに転用する場合、あらかじめ当該転用に係る届出書を（　②　）に提出すれば、（　①　）の許可を受ける必要はない。

1）　①　農林水産大臣　　　②　都道府県知事等

2）　①　農林水産大臣　　　②　農業委員会

3）　①　都道府県知事等　　　②　農業委員会

(55) 所得税額の計算において、個人が土地を譲渡したことによる譲渡所得が
長期譲渡所得に区分されるためには、土地を譲渡した年の1月1日におけ
る所有期間が（　　　）を超えていなければならない。
1) 5年
2) 10年
3) 20年

解答と解説

(51) **1** 宅地に係る固定資産税評価額は、原則として、<u>3年</u>ごとの基準年度にお
いて評価替えが行われ、前年の地価公示法による公示価格等の<u>70%</u>を
目途として評定される。なお、相続税評価額は、公示価格等の80%を
目途として評定される。

(52) **2** 都市計画法によれば、市街化調整区域は、<u>市街化を抑制すべき区域</u>とさ
れている。一方、市街化区域は、既に市街地を形成している区域および
おおむね10年以内に優先的かつ計画的に市街化を図るべき区域とされ
ている。

(53) **2** 幅員4m未満のいわゆる「2項道路」は、原則として、その中心線から
の水平距離で<u>2m</u>後退した線がその道路の境界線とみなされ（＝セット
バック）、当該境界線と道路の間の敷地部分（＝セットバック部分）は
建蔽率や容積率を算定する際の敷地面積に算入<u>することができない</u>。

(54) **3** 農地を農地以外のものに転用する場合（＝農地法4条）、原則として、
<u>都道府県知事等</u>の許可を受けなければならないが、市街化区域内にある
農地を農地以外のものに転用する場合、あらかじめ当該転用に係る届出
書を<u>農業委員会</u>に提出すれば、<u>都道府県知事等</u>の許可を受ける必要はな
い。

(55) **1** 個人が土地を譲渡したことによる譲渡所得が長期譲渡所得に区分される
ためには、土地を譲渡した年の1月1日における所有期間が<u>5年</u>を超え
ていなければならない。5年以下の場合には短期譲渡所得に区分され
る。

第 **6** 章

F

相続・事業承継

相続・事業承継(1)

次の文章を読んで、正しいものまたは適切なものには〇、誤っているもの
または不適切なものには×で答えなさい。

⒄ 書面によらない贈与契約は、その履行前であれば、各当事者は契約の解
除をすることができる。

⒅ 特別養子縁組が成立した場合、養子となった者と実方の父母との親族関
係は終了する。

⒆ 自筆証書遺言書保管制度を利用して、法務局（遺言書保管所）に保管さ
れている自筆証書遺言については、家庭裁判所による検認の手続を要しな
い。

⒇ 相続人が負担した被相続人に係る香典返戻費用は、相続税の課税価格の
計算上、葬式費用として控除することができる。

(30) 「配偶者に対する相続税額の軽減」の適用を受けることができる配偶者
は、被相続人と法律上の婚姻の届出をした者に限られ、いわゆる内縁関係
にある者は該当しない。

解答と解説

⒄ 〇 正しい。なお、書面によらない贈与契約であっても、その履行後は、各
当事者は契約の解除をすることができない。

⒅ 〇 正しい。なお、普通養子縁組が成立した場合、養子となった者と実方の
父母との親族関係は継続する。

⒆ 〇 正しい。自筆証書遺言については、原則として家庭裁判所による検認の
手続が必要であるが、自筆証書遺言書保管制度を利用して法務局（遺言
書保管所）に保管されている自筆証書遺言は、検認の手続きを要しな
い。

⒇ × 香典返戻費用は、相続税の課税価格の計算上、葬式費用として控除する
ことができない。

(30)　〇　正しい。なお、婚姻期間の長さに関する要件はない。

相続・事業承継(2)

次の文章を読んで、正しいものまたは適切なものには〇、誤っているもの
または不適切なものには×で答えなさい。

(26) 個人が死因贈与により取得した財産は、課税の対象とならないものを除
き、贈与税の課税対象となる。

(27) 親族間において著しく低い価額の対価で土地の譲渡が行われた場合、原
則として、その譲渡があった時の土地の時価と支払った対価との差額に相
当する金額が、贈与税の課税対象となる。

(28) 共同相続人は、被相続人が遺言により相続分や遺産分割方法の指定をし
ていない場合、法定相続分どおりに相続財産を分割しなければならない。

(29) 相続税の申告書の提出は、原則として、その相続の開始があったことを
知った日の翌日から10カ月以内にしなければならない。

(30) 相続人が相続により取得した宅地が「小規模宅地等についての相続税の
課税価格の計算の特例」における特定居住用宅地等に該当する場合、その
宅地のうち330㎡までを限度面積として、評価額の80%相当額を減額した
金額を、相続税の課税価格に算入すべき価額とすることができる。

解答と解説

(26) × 個人が死因贈与により取得した財産は、課税の対象とならないものを除
き、相続税の課税対象となる。なお、死因贈与とは、贈与者の死亡によ
って効力を生ずる贈与のことをいう。

(27) 〇 正しい。土地についていわゆる低額譲渡が行われた場合、土地の時価と
支払った対価との差額に相当する金額が、みなし贈与財産として贈与税
の課税対象となる。

(28) × 法定相続分は民法により定められた相続分の目安であり、共同相続人全
員の協議により法定相続分とは異なった分割をすることができる。

(29) 〇 正しい。

(30)　○　正しい。「小規模宅地等についての相続税の課税価格の計算の特例」の
適用対象面積および減額割合は、以下のとおりである。

	適用対象面積	減額割合
特定居住用宅地等	**330㎡まで**	**80%**
特定事業用宅地等	400㎡まで	80%
貸付事業用宅地等	200㎡まで	50%

相続・事業承継⑶

> 次の文章を読んで、正しいものまたは適切なものには〇、誤っているもの
> または不適切なものには×で答えなさい。
>
> ⑵⑹　定期贈与とは、贈与者が受贈者に対して定期的に財産を給付することを
> 目的とする贈与をいい、贈与者または受贈者のいずれか一方が生存してい
> る限り、その効力を失うことはない。
>
> ⑵⑺　相続において、養子の法定相続分は、実子の法定相続分の２分の１とな
> る。
>
> ⑵⑻　相続税額の計算上、被相続人が生前に購入した墓碑の購入代金で、相続
> 開始時において未払いであったものは、債務控除の対象となる。
>
> ⑵⑼　相続税額の計算上、遺産に係る基礎控除額を計算する際の法定相続人の
> 数は、相続人のうちに相続の放棄をした者がいる場合であっても、その放
> 棄がなかったものとしたときの相続人の数とされる。
>
> ⑶⓪　個人が、自己が所有する土地上に建築した店舗用建物を第三者に賃貸し
> ていた場合、相続税額の計算上、当該敷地は貸家建付地として評価され
> る。

解答と解説

⑵⑹　×　定期贈与とは、贈与者が受贈者に対して定期的に財産を給付すること
を目的とする贈与をいい、贈与者または受贈者のいずれか一方が死亡する
とその効力を失う。

⑵⑺　×　養子の法定相続分は、実子の法定相続分と同じである。

⑵⑻　×　被相続人が生前に購入した墓碑（相続税の非課税財産）の購入代金で、
相続開始時において未払いであったものは、債務控除の対象とならな
い。

⑵⑼　〇　正しい。相続税額の計算上、遺産に係る基礎控除額を計算する際の法定
相続人の数には、放棄者を含む。また、被相続人の普通養子は、実子が

いる場合は１人まで、実子がいない場合は２人まで数に含む。

(30) ○ 正しい。自己が所有する土地上に建築した店舗用建物を第三者に賃貸していた場合、当該店舗用建物は「貸家」として評価され、当該敷地は「貸家建付地」として評価される。

相続・事業承継(4)

次の文章の（　　）内にあてはまる最も適切な文章、語句、数字またはそれらの組合せを1）～3）のなかから選びなさい。

⑸⑹　個人が法人からの贈与により取得する財産は、（　　　）の課税対象となる。

1）　法人税

2）　贈与税

3）　所得税

⑸⑺　下記の〈親族関係図〉において、Aさんの相続における母Dさんの法定相続分は、（　　　）である。

〈親族関係図〉

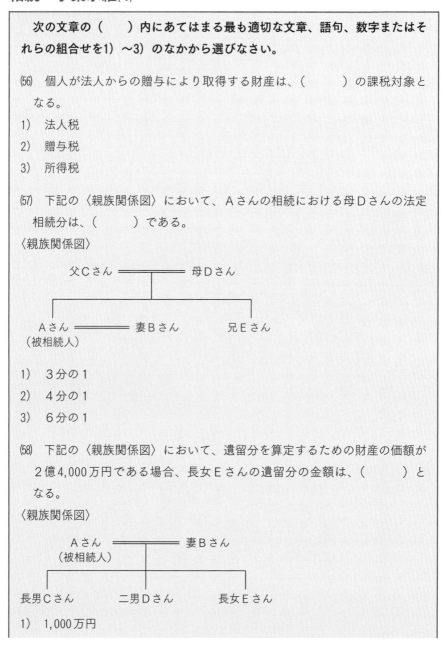

父Cさん ━━━━━ 母Dさん

Aさん ━━━━━ 妻Bさん　　　兄Eさん
（被相続人）

1）　3分の1

2）　4分の1

3）　6分の1

⑸⑻　下記の〈親族関係図〉において、遺留分を算定するための財産の価額が2億4,000万円である場合、長女Eさんの遺留分の金額は、（　　　）となる。

〈親族関係図〉

Aさん ━━━━━ 妻Bさん
（被相続人）

長男Cさん　　　二男Dさん　　　長女Eさん

1）　1,000万円

2) 2,000万円

3) 4,000万円

(59) 被相続人の（　　　）が相続により財産を取得した場合、その者は相続税額の2割加算の対象となる。

1) 兄弟姉妹

2) 父母

3) 孫（子の代襲相続人）

(60) 相続人が相続により取得した宅地が「小規模宅地等についての相続税の課税価格の計算の特例」における特定事業用宅地等に該当する場合、その宅地のうち（　①　）までを限度面積として、評価額の（　②　）相当額を減額した金額を、相続税の課税価格に算入すべき価額とすることができる。

1) ① 200㎡ ② 50%

2) ① 330㎡ ② 80%

3) ① 400㎡ ② 80%

解答と解説

(56) **3** 個人が法人からの贈与により取得する財産は、所得税の課税対象となる。なお、個人が個人からの贈与により取得する財産は、贈与税の課税対象となる。

(57) **3** 配偶者（妻Bさん）は相続人となる。また、被相続人Aさんには子がいないため、直系尊属（父Cさん・母Dさん）が相続人となる。相続人が配偶者と直系尊属の組み合わせの場合、配偶者の法定相続分は3分の2、直系尊属の法定相続分は3分の1となる。この3分の1を父Cさんと母Dさんで等分するため、それぞれの法定相続分は6分の1ずつとなる。

(58) **2** 相続人が妻Bさん、長男Cさん、二男Dさん、および長女Eさんの合計4人である場合、全体の遺留分の割合は財産の2分の1となり、各相続人の遺留分は2分の1に各相続人の法定相続分を乗じた割合となる。以下のように、長女Eさんの遺留分は12分の1であるため、長女Eさんの遺留分の金額は「2億4,000万円×1／12＝2,000万円」となる。

	妻B	長男C	二男D	長女E
法定相続分	$\dfrac{1}{2}$	$\dfrac{1}{2} \times \dfrac{1}{3} = \dfrac{1}{6}$	$\dfrac{1}{2} \times \dfrac{1}{3} = \dfrac{1}{6}$	$\dfrac{1}{2} \times \dfrac{1}{3} = \dfrac{1}{6}$
遺留分	$\dfrac{1}{4}$	$\dfrac{1}{12}$	$\dfrac{1}{12}$	$\dfrac{1}{12}$

(59) **1** 相続または遺贈により財産を取得した者が、被相続人の「配偶者、父母、子（代襲相続人である孫を含む）」以外である場合、その者は相続税額の2割加算の対象となる。したがって、兄弟姉妹は、2割加算の対象となる。

(60) **3** 「小規模宅地等についての相続税の課税価格の計算の特例」の適用対象面積および減額割合は、以下のとおりである。

	適用対象面積	減額割合
特定居住用宅地等	330㎡まで	80％
特定事業用宅地等	**400㎡まで**	**80％**
貸付事業用宅地等	200㎡まで	50％

相続・事業承継(5)

次の文章の（　　）内にあてはまる最も適切な文章、語句、数字またはそれらの組合せを1）～3）のなかから選びなさい。

(56) 「直系尊属から教育資金の一括贈与を受けた場合の贈与税の非課税」の適用を受けた場合、受贈者1人につき（　①　）までは贈与税が非課税となるが、学校等以外の者に対して直接支払われる金銭については、（　②　）が限度となる。

1）　①　1,000万円　　　②　500万円

2）　①　1,500万円　　　②　300万円

3）　①　1,500万円　　　②　500万円

(57) 下記の〈親族関係図〉において、Aさんの相続における妻Bさんの法定相続分は、（　　　）である。

〈親族関係図〉

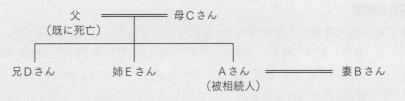

1）　2分の1

2）　3分の2

3）　4分の3

(58) 下記の〈親族関係図〉において、Aさんの相続における相続税額の計算上、遺産に係る基礎控除額は、（　　　）である。

〈親族関係図〉

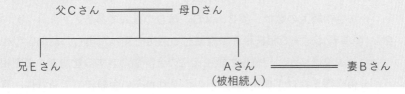

1) 4,500万円

2) 4,800万円

3) 5,400万円

(59) 「配偶者に対する相続税額の軽減」の適用を受けた場合、配偶者の相続税の課税価格が、相続税の課税価格の合計額に対する配偶者の法定相続分相当額または（　　　）のいずれか多い金額までであれば、原則として、配偶者が納付すべき相続税額は算出されない。

1) 1億2,000万円

2) 1億6,000万円

3) 1億8,000万円

(60) 貸家建付地の相続税評価額は、（　　　）の算式により算出される。

1) 自用地としての価額×（1－借地権割合）

2) 自用地としての価額×（1－借家権割合×賃貸割合）

3) 自用地としての価額×（1－借地権割合×借家権割合×賃貸割合）

解答と解説

(56) **3** 「直系尊属から教育資金の一括贈与を受けた場合の贈与税の非課税」の適用を受けた場合、受贈者1人につき1,500万円までは贈与税が非課税となるが、学校等以外の者に対して直接支払われる金銭については、500万円が限度となる。

(57) **2** 配偶者（妻Bさん）は相続人となる。また、被相続人Aさんには子がいないため、直系尊属（母Cさん）が相続人となる。相続人が配偶者と直系尊属の組み合わせの場合、配偶者（妻Bさん）の法定相続分は3分の2、直系尊属（母Cさん）の法定相続分は3分の1となる。

(58) **2** 遺産に係る基礎控除額＝3,000万円＋600万円×法定相続人の数

　　　　　　　　　　　　　＝3,000万円＋600万円×3人※

　　　　　　　　　　　　　＝4,800万円

　　※法定相続人の数は、妻B、父C、母Dの3人である。

(59) **2** 「配偶者に対する相続税額の軽減」の適用を受けた場合、配偶者の相続税の課税価格が、相続税の課税価格の合計額に対する配偶者の法定相続分相当額または1億6,000万円のいずれか多い金額までであれば、原則

として、配偶者が納付すべき相続税額は算出されない。

(60) **3**　貸家建付地とは、土地保有者が保有する貸アパートの貸家が建っている
宅地のことである。

貸家建付地の相続税評価額

＝自用地としての価額×（1－借地権割合×借家権割合×賃貸割合）

相続・事業承継(6)

次の文章の（　　）内にあてはまる最も適切な文章、語句、数字またはそれらの組合せを1)〜3)のなかから選びなさい。

(56) 贈与税の申告書は、原則として、贈与を受けた年の翌年の（　①　）から3月15日までの間に、（　②　）の住所地を所轄する税務署長に提出しなければならない。

1)　①　2月1日　　　②　受贈者
2)　①　2月1日　　　②　贈与者
3)　①　2月16日　　　②　贈与者

(57) 贈与税の配偶者控除は、婚姻期間が（　①　）以上である配偶者から居住用不動産または居住用不動産を取得するための金銭の贈与を受け、所定の要件を満たす場合、贈与税の課税価格から基礎控除額のほかに最高で（　②　）を控除することができる特例である。

1)　①　10年　　　②　2,000万円
2)　①　20年　　　②　2,000万円
3)　①　20年　　　②　2,500万円

(58) 下記の〈親族関係図〉において、Aさんの相続における妻Bさんの法定相続分は、（　　　）である。なお、Aさんの父母は、Aさんの相続開始前に死亡している。

〈親族関係図〉

1)　2分の1
2)　3分の2
3)　4分の3

(59) 相続税額の計算上、死亡退職金の非課税金額の規定による非課税限度額
は、「（　　　）×法定相続人の数」の算式により算出される。

1) 500万円
2) 600万円
3) 1,000万円

(60) 2024年1月10日（水）に死亡したAさんが所有していた上場株式Xを、
相続人が相続により取得した場合の1株当たりの相続税評価額は、下記の
〈資料〉によれば、（　　　）である。

〈資料〉上場株式Xの価格

2023年11月の毎日の最終価格の月平均額	1,480円
2023年12月の毎日の最終価格の月平均額	1,490円
2024年1月の毎日の最終価格の月平均額	1,500円
2024年1月10日（水）の最終価格	1,490円

1) 1,480円
2) 1,490円
3) 1,500円

解答と解説

(56) **1** 贈与税の申告書は、原則として、贈与を受けた年の翌年の<u>2月1日</u>から
3月15日までの間に、<u>受贈者</u>（＝財産を贈与された者）の住所地を所
轄する税務署長に提出しなければならない。

(57) **2** 贈与税の配偶者控除は、婚姻期間が<u>20年</u>以上である配偶者から居住用
不動産または居住用不動産を取得するための金銭の贈与を受け、所定の
要件を満たす場合、贈与税の課税価格から基礎控除額（110万円）のほ
かに最高で<u>2,000万円</u>を控除することができる特例である。

(58) **3** 配偶者（妻Bさん）は相続人となる。また、被相続人Aさんには子がお
らず直系尊属（父母）は既に死亡しているため、兄弟姉妹（姉Cさん・
兄Dさん）が相続人となる。相続人が配偶者と兄弟姉妹の組み合わせの
場合、配偶者（妻Bさん）の法定相続分は<u>4分の3</u>、兄弟姉妹の法定相
続分（全体）は4分の1となる。

(59) **1** 死亡退職金の非課税限度額＝<u>500万円</u>×法定相続人の数

⑹　**1**　上場株式の相続税評価額は、以下の①～④の価格のうち最も低い価格である。本問の場合、最も低い価格は「2023年11月の毎日の最終価格の月平均額1,480円」である。

> ①課税時期（相続開始時）の最終価格（1,490円）
> ②課税時期の属する月の毎日の最終価格の月平均額（1,500円）
> ③課税時期の属する月の前月の毎日の最終価格の月平均額（1,490円）
> ④課税時期の属する月の前々月の毎日の最終価格の月平均額（1,480円）

II

実技編

実技

個人資産相談業務

第 1 問

ライフプランニングと資金計画⑴

> X株式会社（以下、「X社」という）に勤務するAさん（45歳）は、妻B
> さん（42歳）との２人暮らしである。X社では、定年年齢が65歳とされて
> おり、Aさんは65歳まで勤務しようと考えている。Aさんは老後の生活を
> 見据え、公的年金制度から支給される老齢給付について理解を深め、老後の
> 生活資金等の準備をしておきたいと考えるようになった。
>
> そこで、Aさんは、ファイナンシャル・プランナーのMさんに相談するこ
> とにした。
>
> 〈Aさんとその家族に関する資料〉
>
> (1)　Aさん（1977年６月10日生まれ・45歳・会社員）
>
> ・公的年金加入歴：下図のとおり（65歳までの見込みを含む）
>
> 　　　　　　　　　　　大学卒業後、X社に入社し、現在に至るまで同社に
> 　　　　　　　　　　　勤務している。
>
> ・全国健康保険協会管掌健康保険、雇用保険に加入している。
>
> ・X社が実施する確定給付企業年金の加入者である。
>
> 　なお、X社が実施する企業年金は、確定給付企業年金のみである。

20歳	22歳		65歳
	国民年金 保険料未納期間 （34月）	厚生年金保険 被保険者期間 （506月）	

> (2)　妻Bさん（1980年10月15日生まれ・42歳・専業主婦）
>
> ・公的年金加入歴：18歳からAさんと結婚するまでの11年間（132月）
> 　　　　　　　　　　　は厚生年金保険に加入。結婚後は、国民年金に第3
> 　　　　　　　　　　　号被保険者として加入している。
>
> ・全国健康保険協会管掌健康保険の被扶養者である。
>
> ※　妻Bさんは、現在および将来においても、Aさんと同居し、Aさんと生
> 計維持関係にあるものとする。
>
> ※　Aさんおよび妻Bさんは、現在および将来においても、公的年金制度に
> おける障害等級に該当する障害の状態にないものとする。
>
> ※　上記以外の条件は考慮せず、各問に従うこと。

《問1》　はじめに、Mさんは、Aさんが老齢基礎年金の受給を65歳から開始した場合の年金額を試算した。Mさんが試算した老齢基礎年金の年金額の計算式として、次のうち最も適切なものはどれか。なお、老齢基礎年金の年金額は、2022年度価額に基づいて計算するものとする。

1) $777,800 円 \times \dfrac{446 月}{480 月}$

2) $777,800 円 \times \dfrac{480 月}{480 月}$

3) $777,800 円 \times \dfrac{506 月}{480 月}$

《問2》　次に、Mさんは、老齢厚生年金について説明した。MさんのAさんに対する説明として、次のうち最も不適切なものはどれか。

1) 「Aさんおよび妻Bさんには、特別支給の老齢厚生年金は支給されません。原則として、65歳から老齢厚生年金を受給することになります」

2) 「妻Bさんは厚生年金保険の被保険者期間が10年以上ありますので、Aさんが65歳から受給する老齢厚生年金の額には、配偶者の加給年金額は加算されません」

3) 「Aさんが70歳0カ月で老齢厚生年金の繰下げ支給の申出をする場合、当該年金額の増額率は42％になります」

《問3》　最後に、Mさんは、老後の年金収入を増やす方法として確定拠出年金の個人型年金について説明した。Mさんが、Aさんに対して説明した以下の文章の空欄①〜③に入る語句の組合せとして、次のうち最も適切なものはどれか。

　「Aさんのような確定給付企業年金の加入者で65歳未満の厚生年金保険の被保険者は、個人型年金に加入することができます。個人型年金は、拠出した掛金を、加入者自身が選んだ商品で運用し、資産を形成する年金制度です。Aさんの場合、拠出できる掛金の限度額は年額（　①　）円であり、拠出した掛金は、その全額を所得税の（　②　）として総所得金額等から控除することができます。なお、60歳到達時に老齢給付金を受給する

ためには、通算加入者等期間が（　③　）年以上必要となります」

1) ① 144,000　② 小規模企業共済等掛金控除　③ 10

2) ① 144,000　② 社会保険料控除　③ 5

3) ① 276,000　② 小規模企業共済等掛金控除　③ 5

解答と解説

《問1》

老齢基礎年金の年金額の計算式（保険料免除期間がない場合）は、次のとおりである。

$$老齢基礎年金の年金額 = 777,800円 \times \frac{保険料納付済月数}{480月}$$

$$= 777,800円 \times \frac{446月}{480月}$$

保険料納付済月数は、原則として、20歳以上60歳未満の期間の月数に限られているため、60歳から65歳に達するまでの厚生年金保険の被保険者期間は含まれず、保険料納付済月数は「506月−60月（60歳以上65歳未満）＝446月」となる。なお、777,800円は2022年度価額であり、2024年度価額は816,000円（67歳以下の者の額）である。

正解　1

《問2》

1) 適切。1961年4月2日以降に生まれた男性および1966年4月2日以降に生まれた女性（第1号厚生年金被保険者）には、特別支給の老齢厚生年金は支給されない。

2) 不適切。Aさんの厚生年金保険の被保険者期間は20年以上で、Aさんが65歳到達時に生計維持関係にある妻Bさんは65歳未満であるため、Aさんが65歳から受給する老齢厚生年金の額には、配偶者の加給年金額が加算される。なお、妻Bさんが20年以上の被保険者期間に基づく老齢厚生年金を受給できる場合は、加給年金額は加算されない。

3) 適切。Aさんが70歳0カ月で老齢厚生年金の繰下げ支給の申出をする場合、5年間（60月）繰り下げることとなる。繰下げ1月につき0.7％増額されるため、当該年金額の増額率は「0.7％×60月＝42％」になる。

《問3》

① Aさんの場合、確定給付企業年金の加入者であるため、確定拠出年金の個人型年金に拠出できる掛金の限度額は年額<u>144,000</u>円である。

② 確定拠出年金の個人型年金に拠出した掛金は、その全額を所得税の<u>小規模企業共済等掛金控除</u>として総所得金額等から控除することができる。

③ 60歳到達時に老齢給付金を受給するためには、通算加入者等期間が<u>10</u>年以上必要となる。

ライフプランニングと資金計画⑵

　会社員のAさん（36歳）は、妻Bさん（35歳）、長男Cさん（3歳）および二男Dさん（0歳）との4人暮らしである。Aさんは、今年4月に二男Dさんが誕生したことを機に、今後の資金計画を改めて検討したいと考えている。Aさんは、その前提として、病気やケガで入院等した場合の健康保険の保険給付や自分が死亡した場合の公的年金制度からの遺族給付の支給など、社会保険制度の概要について理解しておきたいと思っている。

　そこで、Aさんは、ファイナンシャル・プランナーのMさんに相談することにした。

〈Aさんの家族構成〉

Aさん　　　：1986年12月3日生まれ

　　　　　　会社員（厚生年金保険・全国健康保険協会管掌健康保険に加入している）

妻Bさん　　：1988年5月14日生まれ

　　　　　　国民年金に第3号被保険者として加入している。

長男Cさん：2020年8月20日生まれ

二男Dさん：2023年4月1日生まれ

〈公的年金加入歴（2023年8月分まで）〉

	20歳	22歳		36歳
Aさん	国民年金 保険料納付済期間 （28月）	厚生年金保険 被保険者期間 （173月）		

	20歳	22歳	Aさんと結婚	35歳
妻Bさん	国民年金 保険料納付済期間 （35月）	厚生年金保険 被保険者期間 （101月）	国民年金 第3号被保険者期間 （48月）	

※　妻Bさん、長男Cさんおよび二男Dさんは、現在および将来においても、Aさんと同居し、Aさんと生計維持関係にあるものとする。

※　家族全員、現在および将来においても、公的年金制度における障害等級に該当する障害の状態にないものとする。

※　上記以外の条件は考慮せず、各問に従うこと。

《問1》 現時点（2023年9月10日）においてAさんが死亡した場合、妻B さんに支給される遺族基礎年金の年金額（2023年度価額）は、次のうちどれか。

1) 795,000円 + 228,700円 = 1,023,700円

2) 795,000円 + 228,700円 + 76,200円 = 1,099,900円

3) 795,000円 + 228,700円 + 228,700円 = 1,252,400円

《問2》 Mさんは、現時点（2023年9月10日）においてAさんが死亡した 場合に妻Bさんに支給される遺族厚生年金について説明した。Mさんが、A さんに対して説明した以下の文章の空欄①～③に入る語句の組合せとして、 次のうち最も適切なものはどれか。

> 「遺族厚生年金の額は、原則として、死亡した者の厚生年金保険の被保 険者記録を基礎として計算した老齢厚生年金の報酬比例部分の額の （ ① ）に相当する額になります。ただし、Aさんの場合、その計算の 基礎となる被保険者期間の月数が（ ② ）に満たないため、（ ② ） とみなして年金額が計算されます。
>
> また、二男Dさんの18歳到達年度の末日が終了し、妻Bさんの有する遺 族基礎年金の受給権が消滅したときは、妻Bさんが（ ③ ）に達するま での間、妻Bさんに支給される遺族厚生年金の額に中高齢寡婦加算が加算 されます」

1) ① 3分の2　　② 240月　　③ 65歳

2) ① 4分の3　　② 240月　　③ 60歳

3) ① 4分の3　　② 300月　　③ 65歳

《問3》 Mさんは、健康保険の保険給付について説明した。MさんのAさん に対する説明として、次のうち最も適切なものはどれか。

1) 「Aさんが業務外の事由による病気やケガの療養のために、連続して3 日間休業し、4日目以降の休業した日について事業主から賃金が支払われ なかった場合は、所定の手続により、傷病手当金が支給されます」

2) 「Aさんに係る医療費の一部負担金の割合は、原則として、入院・外来 を問わず、実際にかかった費用の1割です」

3) 「医療機関等に支払った医療費の一部負担金の額が自己負担限度額を超

えた場合、所定の手続により、自己負担限度額を超えた額が高額療養費として支給されます。この一部負担金には、差額ベッド代や入院時の食事代も含まれます」

解答と解説

《問1》

　　遺族基礎年金の年金額

　　＝795,000円＋子の加算額

　　　　　　　　（1人目と2人目は1人228,700円、3人目からは1人76,200円）

　　＝795,000円＋228,700円＋228,700円＝1,252,400円

　　子の加算額の対象となる子とは、18歳到達年度末日（3月31日）までの間にある子のことをいう。長男Cさん（3歳）および二男Dさん（0歳）が対象となるため、子は2人となる。なお、795,000円、228,700円、76,200円は2023年度価額であり、2024年度価額はそれぞれ816,000円（67歳以下の者の額）、234,800円、78,300円である。

正解　3

《問2》

① 　遺族厚生年金の額は、原則として、死亡した者の厚生年金保険の被保険者記録を基礎として計算した老齢厚生年金の報酬比例部分の額の<u>4分の3</u>に相当する額になる。

② 　厚生年金保険の被保険者が死亡した場合、その計算の基礎となる被保険者期間の月数が<u>300月</u>に満たない場合は、<u>300月</u>とみなして年金額が計算される。

③ 　二男Dさんの18歳到達年度の末日が終了し、妻Bさんの有する遺族基礎年金の受給権が消滅したときは、妻Bさんが<u>65歳</u>に達するまでの間、妻Bさんに支給される遺族厚生年金の額に中高齢寡婦加算が加算される。

正解　3

《問3》

1) 　適切。

2) 　不適切。Aさん（36歳）に係る医療費の一部負担金の割合は、原則として、入院・外来を問わず、実際にかかった費用の3割である。

3) 　不適切。差額ベッド代や入院時の食事代は、高額療養費の対象とならない。

正解　1

ライフプランニングと資金計画(3)

　Aさん（45歳）は、X株式会社を2020年3月末日に退職し、個人事業主として独立した。独立から3年以上が経過した現在、収入は安定している。

　Aさんは、最近、公的年金制度について理解したうえで、老後の収入を増やすことができる各種制度を利用したいと考えている。

　そこで、Aさんは、ファイナンシャル・プランナーのMさんに相談することにした。

〈Aさんに関する資料〉

(1)　生年月日　　　　　：1978年9月3日

(2)　公的年金の加入歴：下図のとおり（60歳までの見込みを含む）

20歳	22歳	41歳	60歳
国民年金 保険料未納期間 （31月）	厚生年金保険 被保険者期間 （228月）	国民年金 保険料納付済期間 （221月）	

※　Aさんは、現在および将来においても、公的年金制度における障害等級に該当する障害の状態にないものとする。

※　上記以外の条件は考慮せず、各問に従うこと。

《問1》　はじめに、Mさんは、《設例》の〈Aさんに関する資料〉に基づき、Aさんが老齢基礎年金の受給を65歳から開始した場合の年金額を試算した。Mさんが試算した老齢基礎年金の年金額の計算式として、次のうち最も適切なものはどれか。なお、老齢基礎年金の年金額は、2023年度価額に基づいて計算するものとする。

1)　$795,000円 \times \dfrac{221月}{480月}$

2)　$795,000円 \times \dfrac{449月}{480月}$

3)　$795,000円 \times \dfrac{480月}{480月}$

《問2》　次に、Mさんは、小規模企業共済制度について説明した。Mさんが、Aさんに対して説明した以下の文章の空欄①～③に入る語句の組合せとして、次のうち最も適切なものはどれか。

> 「小規模企業共済制度は、個人事業主が廃業等した場合に必要となる資金を準備しておくための制度です。毎月の掛金は、1,000円から（　①　）までの範囲内（500円単位）で選択でき、支払った掛金は（　②　）の対象となります。共済金（死亡事由以外）の受取方法には『一括受取り』『分割受取り』『一括受取りと分割受取りの併用』があり、『一括受取り』の共済金は、（　③　）として所得税の課税対象となります」

1)　①　68,000円　　　②　所得控除　　　③　一時所得
2)　①　70,000円　　　②　所得控除　　　③　退職所得
3)　①　70,000円　　　②　税額控除　　　③　一時所得

《問3》　最後に、Mさんは、老後の年金収入を増やすことができる各種制度について説明した。MさんのAさんに対する説明として、次のうち最も不適切なものはどれか。

1)　「確定拠出年金の個人型年金は、加入者自身が掛金の運用方法を選択し、資産を形成する年金制度です。将来受け取ることができる年金額は、運用実績により増減します」

2)　「国民年金基金は、国民年金の第1号被保険者の老齢基礎年金に上乗せする年金を支給する任意加入の年金制度です。加入は口数制となっており、1口目は2種類の終身年金（A型・B型）のいずれかを選択します」

3)　「国民年金の付加年金は、月額200円の付加保険料を納付することにより、老齢基礎年金と併せて受給することができる年金です。なお、国民年金基金に加入している間は、付加保険料を納付することができません」

解答と解説

《問1》

　老齢基礎年金の年金額の計算式（保険料免除期間がない場合）は、次のとおりである。

$$老齢基礎年金の年金額 = 795,000円 \times \frac{保険料納付済月数}{480月}$$

Aさんの老齢基礎年金の年金額＝795,000円×$\dfrac{449月}{480月}$

厚生年金保険の加入期間は保険料納付済月数に含まれるが、国民年金の保険料未納期間期間（31月）は含まれない。したがって、Aさんの保険料納付済月数は「228月＋221月＝449月」となる。なお、795,000円は2023年度価額であり、2024年度価額は816,000円（67歳以下の者の額）である。

正解 **2**

《問2》

① 小規模企業共済制度の毎月の掛金は、1,000円から<u>70,000円</u>までの範囲内（500円単位）で選択できる。

② 小規模企業共済制度で支払った掛金は、全額、<u>所得控除</u>（小規模企業共済等掛金控除）の対象となる。

③ 共済金（死亡事由以外）を一括受取りした場合、<u>退職所得</u>として所得税の課税対象となる。

正解 **2**

《問3》

1) 適切。

2) 適切。国民年金基金の加入は口数制となっており、1口目は2種類の終身年金（A型・B型）のいずれかを選択し、2口目以降は、2種類の終身年金および5種類の確定年金から選択することができる。

3) 不適切。国民年金の付加年金は、月額400円の付加保険料を納付することにより、老齢基礎年金と併せて受給することができる年金（年金額＝200円×付加保険料納付済月数）である。

正解 **3**

第 2 問

金融資産運用⑴

　会社員のAさん（30歳）は、将来に向けた資産形成のため、株式による運用を考えている。Aさんは、これまで投資経験がなく、株式の銘柄を選ぶ際の判断材料や購入する際の留意点について知りたいと思っている。

　また、投資経験のある友人から勧められた上場不動産投資信託（J-REIT）にも興味を持っている。そこで、Aさんは、ファイナンシャル・プランナーのMさんに相談することにした。Mさんは、Aさんに対して、X社株式（東京証券取引所プライム市場上場銘柄）を例に、説明を行うことにした。

〈X社に関する資料〉

総資産	1兆6,000億円
自己資本（純資産）	9,500億円
当期純利益	750億円
年間配当金総額	120億円
発行済株式数	3億株
株価	2,500円

※　決算期：2023年6月30日（金）（配当の権利が確定する決算期末）
※　上記以外の条件は考慮せず、各問に従うこと。

《問4》　はじめに、Mさんは、X社株式の投資指標について説明した。MさんのAさんに対する説明として、次のうち最も不適切なものはどれか。

1) 「株価の相対的な割高・割安を判断する指標として、PERがあります。〈X社に関する資料〉から算出されるX社株式のPERは、10倍です」

2) 「株価に対する1株当たりの年間配当金の割合を示す指標を配当利回りといいます。〈X社に関する資料〉から算出されるX社株式の配当利回りは、1.6％です」

3) 「PERとPBRは、一般に、どちらも数値が高いほど株価は割安と判断されますが、何倍程度が妥当であるかを検討する際は、同業他社の数値や業界平均値と比較して、相対的な数値として捉えることが重要です」

《問5》　次に、Mさんは、X社株式の購入等についてアドバイスした。Mさ

んのAさんに対するアドバイスとして、次のうち最も適切なものはどれか。

1) 「上場株式を証券取引所の普通取引で売買したときの受渡しは、原則として、約定日（売買成立日）から起算して4営業日目に行われます」

2) 「Aさんは、権利付き最終日である2023年6月30日（金）までにX社株式を買付約定すれば、X社株式の次回の期末配当を受け取ることができます」

3) 「Aさんが特定口座（源泉徴収あり）でX社株式を株価2,500円で100株購入し、同年中に株価3,000円で全株売却した場合、その他の取引や手数料等を考慮しなければ、譲渡益5万円に対して20.315％相当額が源泉徴収等されます」

《問6》 最後に、Mさんは、上場不動産投資信託（J-REIT）について説明した。MさんのAさんに対する説明として、次のうち最も不適切なものはどれか。

1) 「上場不動産投資信託（J-REIT）は、投資家から集めた資金を不動産投資法人が不動産等に投資し、その賃貸収入や売買益を投資家に分配する投資信託です」

2) 「上場不動産投資信託（J-REIT）の分配金は、配当所得となり、確定申告をすることで配当控除の適用を受けることができます」

3) 「上場不動産投資信託（J-REIT）は、上場株式と同様に指値注文や成行注文により売買することができます」

解答と解説

《問4》

1) 適切。PER（株価収益率）（倍）$= \dfrac{\text{株価}}{1\text{株当たり純利益}} = \dfrac{2{,}500\text{円}}{750\text{億円} \div 3\text{億株}}$

$= 10\text{倍}$

2) 適切。配当利回り（％）$= \dfrac{1\text{株当たり配当金}}{\text{株価}} \times 100$

$= \dfrac{120\text{億円} \div 3\text{億株}}{2{,}500\text{円}} \times 100 = \dfrac{40\text{円}}{2{,}500\text{円}} \times 100 = 1.6\%$

3) 不適切。PERとPBRは、一般に、どちらも数値が高いほど株価は割高と判断され、数値が低いほど株価は割安と判断される。

正解 3

《問5》

1) 不適切。上場株式を証券取引所の普通取引で売買したときの受渡しは、原則として、約定日（売買成立日）から起算して3営業日目に行われる。

2) 不適切。X社株式の次回の期末配当を受け取るためには、権利確定日（決算期末）である2023年6月30日（金）の2営業日前である2023年6月28日（水）までにX社株式を買付約定（購入）する必要がある。28日（水）に購入した場合、28日（水）から起算して3営業日目の30日（金）が受渡日となる。

3) 適切。特定口座（源泉徴収あり）では、譲渡益に対して20.315％が源泉徴収等される。本肢における譲渡益5万円は、「(3,000円－2,500円)×100株」で計算される。

正解 3

《問6》

1) 適切。

2) 不適切。上場不動産投資信託（J-REIT）の分配金は、配当所得となるが、確定申告をしても配当控除の適用を受けることはできない。

3) 適切。

正解 2

金融資産運用(2)

> 会社員のAさん（58歳）は、国内の銀行であるX銀行の米ドル建定期預金のキャンペーン広告を見て、その金利の高さに魅力を感じているが、これまで外貨建金融商品を利用した経験がなく、留意点や課税関係について知りたいと思っている。
>
> そこで、Aさんは、ファイナンシャル・プランナーのMさんに相談することにした。
>
> 〈X銀行の米ドル建定期預金に関する資料〉
> ・預入金額　：10,000米ドル
> ・預入期間　：6カ月
> ・利率（年率）：4.0%（満期時一括支払）
> ・為替予約なし
>
> ※　上記以外の条件は考慮せず、各問に従うこと。

《問4》 Mさんは、《設例》の米ドル建定期預金について説明した。MさんのAさんに対する説明として、次のうち最も適切なものはどれか。

1) 「米ドル建定期預金の満期時の為替レートが、預入時の為替レートに比べて円高・米ドル安となった場合、円換算の運用利回りは向上します」

2) 「X銀行に預け入れた米ドル建定期預金は、金額の多寡にかかわらず、預金保険制度の保護の対象となりません」

3) 「X銀行の米ドル建定期預金に10,000米ドルを預け入れた場合、Aさんが満期時に受け取ることができる利息額は400米ドル（税引前）になります」

《問5》 Aさんが、《設例》および下記の〈資料〉の条件で、10,000米ドルを預け入れ、満期時に円貨で受け取った場合における元利金の合計額として、次のうち最も適切なものはどれか。なお、計算にあたっては税金等を考慮せず、預入期間6カ月は0.5年として計算すること。

〈資料〉適用為替レート（円／米ドル）

	TTS	TTM	TTB
預入時	129.00円	128.50円	128.00円
満期時	131.00円	130.50円	130.00円

1) 1,326,000円

2) 1,331,100円

3) 1,336,200円

《問6》 Mさんは、Aさんに対して、《設例》の米ドル建定期預金に係る課税関係について説明した。Mさんが説明した以下の文章の空欄①～③に入る語句の組合せとして、次のうち最も適切なものはどれか。

i）「AさんがX銀行の米ドル建定期預金に預け入れをした場合、当該預金の利子に係る利子所得は、所得税および復興特別所得税と住民税を合わせて20.315％の税率による（　①　）の対象となります」

ii）「外貨預金による運用では、外国為替相場の変動により、為替差損益が生じることがあります。為替差益は（　②　）として、所得税および復興特別所得税と住民税の課税対象となります。なお、為替差損による損失の金額は、外貨預金の利子に係る利子所得の金額と損益通算することが（　③　）」

1) ① 源泉分離課税　　② 雑所得　　③ できません

2) ① 源泉分離課税　　② 一時所得　　③ できます

3) ① 申告分離課税　　② 雑所得　　③ できます

解答と解説

《問4》

1) 不適切。米ドル建定期預金の満期時の為替レートが、預入時の為替レートに比べて円安・米ドル高となった場合、円換算の運用利回りは向上する。

2) 適切。外貨預金は、預金保険制度による保護の対象とならない。

3) 不適切。満期時に受け取ることができる利息額（税引前）は、6カ月（0.5年）分となるため、「10,000米ドル×4.0％×0.5年＝200米ドル」である。

正解 2

《問5》

・満期時の米ドルの元利金合計額

　元本10,000米ドル＋利息200米ドル（問4 ③参照）＝10,200米ドル

・満期時の円貨の元利金合計額

　10,200米ドル×130.00円（TTB）＝1,326,000円

　※　米ドルを円貨に換える際に適用される為替レートは、TTBである。

正解　1

《問6》

①　米ドル建定期預金の利子に係る利子所得は、所得税および復興特別所得税と住民税を合わせて20.315％の税率による源泉分離課税の対象となる。

②　外貨預金による為替差益は雑所得として、所得税および復興特別所得税と住民税の課税対象となる。

③　為替差損による損失の金額は、外貨預金の利子に係る利子所得の金額と損益通算することはできない。雑所得の損失と利子所得の金額は損益通算することができない。

正解　1

金融資産運用(3)

会社員のAさん（29歳）は、将来に向けた資産形成のため、株式や債券による運用を始めたいと考えている。

そこで、Aさんは、ファイナンシャル・プランナーのMさんに相談することにした。

Mさんは、Aさんに対して、X社株式（東京証券取引所プライム市場上場銘柄）および国内の大手企業が発行しているY社債（特定公社債）を例として、説明を行うことにした。

〈X社に関する資料〉

総資産	1,000億円
自己資本（純資産）	600億円
当期純利益	60億円
年間配当金総額	15億円
発行済株式数	5,000万株
株価	1,500円

〈Y社債に関する資料〉

・発行会社：国内の大手企業

・購入価格：103円（額面100円当たり）

・表面利率：1.2％

・利払日　：年2回

・残存期間：5年

・償還価格：100円（額面100円当たり）

・格付　　：BBB

※　上記以外の条件は考慮せず、各問に従うこと。

《問4》　Mさんは、〈X社に関する資料〉から算出されるX社株式の投資指標について説明した。MさんのAさんに対する説明として、次のうち最も不適切なものはどれか。

1) 「株価の相対的な割高・割安の度合いを判断する指標として、PERやPBRがあります。X社株式のPERは12.5倍、PBRは1.25倍です」

2) 「会社の収益性や経営効率を測る指標として、ROEがあります。Ｘ社の ROEは10％です。一般に、ROEが高い会社ほど、資本の効率的な活用が なされていると判断することができます」

3) 「株価に対する１株当たりの年間配当金の割合を示す指標を配当性向と いいます。Ｘ社株式の配当性向は25％です」

《問5》 Ｍさんは、Ｙ社債に投資する場合の留意点等について説明した。Ｍ さんのＡさんに対する説明として、次のうち最も適切なものはどれか。

1) 「一般に、BBB（トリプルビー）格相当以下の格付は、投機的格付と呼 ばれています。Ｙ社債は、投資適格債に比べて信用度は劣りますが、相対 的に高い利回りを期待することができます」

2) 「毎年受け取る利子は、購入価格に表面利率を乗じることで求められま す。表面利率は、発行時の金利水準や発行会社の信用力などに応じて決め られます」

3) 「Ｙ社債の利子は、原則として、支払時に所得税および復興特別所得税 と住民税の合計で20.315％相当額が源泉徴収等され、申告分離課税の対象 となりますが、確定申告不要制度を選択することもできます」

《問6》 Ｙ社債を〈Ｙ社債に関する資料〉の条件で購入した場合の最終利回 り（年率・単利）は、次のうちどれか。なお、計算にあたっては税金や手数 料等を考慮せず、答は％表示における小数点以下第３位を四捨五入してい る。

1) 0.58％

2) 0.60％

3) 1.17％

解答と解説

《問4》

1) 適切。PER（株価収益率）（倍）＝ $\dfrac{\text{株価}}{\text{１株当たり純利益}}$ ＝ $\dfrac{1{,}500\text{円}}{60\text{億円}\div 0.5\text{億株}}$

　　　　　　＝12.5倍

$$PBR（株価純資産倍率）（倍）＝\frac{株価}{1株当たり純資産}＝\frac{1,500円}{600億円÷0.5億株}$$

$$＝1.25倍$$

2) 適切。$ROE（自己資本利益率）（\%）＝\frac{当期純利益}{自己資本}×100＝\frac{60億円}{600億円}×100$

$$＝10\%$$

3) 不適切。株価に対する1株当たりの年間配当金の割合を示す指標を配当利回

りという。$配当利回り（\%）＝\frac{1株当たり配当金}{株価}×100$

$$＝\frac{15億円÷0.5億株}{1,500円}×100＝2\%$$

一方、当期純利益に対する年間配当金の割合を示す指標を配当性向という。

$$配当性向（\%）＝\frac{年間配当金総額}{当期純利益}×100＝\frac{15億円}{60億円}×100＝25\%$$

正解 3

《問5》
1) 不適切。一般に、BB（ダブルビー）格相当以下の格付は、投機的格付と呼
ばれている。一方、BBB（トリプルビー）格相当以上の格付は、投資適格と呼
ばれている。Y社債は投資適格債に該当する。
2) 不適切。毎年受け取る利子は、額面金額に表面利率を乗じることで求められ
る。
3) 適切。Y社債は特定公社債であるため、その利子の課税関係は本肢に記載の
とおりとなる。

正解 3

《問6》
最終利回りとは、すでに発行された債券を購入し、償還まで保有する場合の利
回りのことをいう。

$$最終利回り（％）＝\cfrac{表面利率＋\cfrac{償還価格（額面金額100円）－購入価格}{残存期間}}{購入価格}\times 100$$

$$＝\cfrac{1.2円＋\cfrac{100円－103円}{5年}}{103円}\times 100＝0.582\cdots \quad \rightarrow \underline{0.58\％}$$

正解 1

第 3 問

タックスプランニング(1)

> 会社員のAさんは、妻Bさん、長女Cさんおよび二女Dさんとの4人家族である。Aさんは、2022年中に「ふるさと納税」の制度を初めて利用し、10の地方自治体に計8万円の寄附を行っている。

〈Aさんとその家族に関する資料〉

Aさん（48歳）　　：会社員

妻Bさん（45歳）　：2022年中に、パートタイマーとして給与収入90万円を
　　　　　　　　　　受け取っている。

長女Cさん（17歳）：高校生。2022年中の収入はない。

二女Dさん（13歳）：中学生。2022年中の収入はない。

〈Aさんの2022年分の収入等に関する資料〉

(1)　給与収入の金額：780万円

(2)　一時払変額個人年金保険（10年確定年金）の解約返戻金

　　　契約年月　　　　　　　　　　　：2014年4月

　　　契約者（＝保険料負担者）・被保険者：Aさん

　　　死亡保険金受取人　　　　　　　：妻Bさん

　　　解約返戻金額　　　　　　　　　：330万円

　　　正味払込保険料　　　　　　　　：300万円

(3)　上場株式の譲渡損失の金額（証券会社を通じて譲渡したもの）：10万円

※　妻Bさん、長女Cさんおよび二女Dさんは、Aさんと同居し、生計を一にしている。

※　Aさんとその家族は、いずれも障害者および特別障害者には該当しない。

※　Aさんとその家族の年齢は、いずれも2022年12月31日現在のものである。

※　上記以外の条件は考慮せず、各問に従うこと。

《問7》　Aさんの2022年分の所得税における総所得金額は、次のうちどれか。

1）　592万円

2）　612万円

3）　622万円

〈資料〉給与所得控除額

給与収入金額		給与所得控除額
万円超	万円以下	
〜	180	収入金額×40％－10万円 $\left(\begin{array}{l}55万円に満たない\\場合は、55万円\end{array}\right)$
180	〜 360	収入金額×30％＋8万円
360	〜 660	収入金額×20％＋44万円
660	〜 850	収入金額×10％＋110万円
850	〜	195万円

《問8》　Aさんの2022年分の所得税における所得控除に関する次の記述のうち、最も不適切なものはどれか。

1）　「Aさんが適用を受けることができる配偶者控除の額は、38万円です」

2）　「Aさんが適用を受けることができる扶養控除の額は、76万円です」

3）　「Aさんが適用を受けることができる基礎控除の額は、48万円です」

《問9》　Aさんの2022年分の所得税の確定申告に関する次の記述のうち、最も適切なものはどれか。

1）　「Aさんは、所得税の確定申告をすることで、上場株式の譲渡損失の金額を前年に繰り戻し、前年分の所得に対する所得税額の還付を受けることができます」

2）　「Aさんは、総所得金額に算入される一時所得の金額が20万円を超えるため、所得税の確定申告をしなければなりません」

3）　「Aさんは、ふるさと納税に係る寄附金控除について、年末調整では適用を受けることができませんので、所得税の確定申告が必要となります」

解答と解説

《問7》

①　給与所得の金額＝給与収入金額－給与所得控除額

$$＝780万円－（780万円×10％＋110万円）＝592万円$$

② 一時所得の金額（一時払変額個人年金保険の解約返戻金）

$$= 総収入金額 - 支出金額 - 特別控除額（最高50万円）$$

$$= 330万円 - 300万円 - 30万円 = 0円$$

③ 総所得金額＝①592万円

※ 上場株式の譲渡損失の金額は、総所得金額の計算上、他の所得金額と損益通算することはできない。

正解　1

《問8》

1) 適切。Aさんの合計所得金額が900万円以下（問7参照）で、妻Bさん（70歳未満）の合計所得金額が下記のとおり48万円以下であるため、Aさんが適用を受けることができる配偶者控除の額は、38万円である。

妻Bさんの給与所得の金額＝90万円－55万円＝35万円

2) 不適切。長女Cさん（17歳）は、16歳以上19歳未満で一般の控除対象扶養親族に該当し、Aさんが適用を受けることができる長女Cさんに係る扶養控除の額は、38万円である。二女Dさん（13歳）は、16歳未満であるため控除対象扶養親族には該当しない。

3) 適切。Aさんの合計所得金額が2,400万円以下（問7参照）であるため、基礎控除の額は48万円である。

正解　2

《問9》

1) 不適切。上場株式の譲渡損失は、所得税の確定申告をすることにより翌年以降3年間の上場株式等の譲渡所得の金額等から控除すること（繰越控除）ができるが、前年に繰り戻して所得税額の還付を受けること（繰戻還付）はできない。

2) 不適切。総所得金額に算入される一時所得の金額は0円（問7参照）であるため、所得税の確定申告をする必要はない。

3) 適切。給与所得者は、ふるさと納税先の地方自治体が5団体以内であれば、「ふるさと納税ワンストップ特例制度」を利用して確定申告不要とすることができるが、Aさんは10団体に寄附をしているため、当該制度は利用できない。また、寄附金控除は年末調整で適用を受けることはできないため、確定申告が必要となる。

正解　3

タックスプランニング⑵

> 　小売店を営む個人事業主であるＡさんは、開業後直ちに青色申告承認申請書と青色事業専従者給与に関する届出書を所轄税務署長に対して提出している青色申告者である。
>
> 〈Ａさんとその家族に関する資料〉
>
> Ａさん（45歳）　　：個人事業主（青色申告者）
>
> 妻Ｂさん（40歳）　：Ａさんが営む事業に専ら従事している。2023年中に、青色事業専従者として、給与収入90万円を得ている。
>
> 長男Ｃさん（15歳）：中学生。2023年中の収入はない。
>
> 母Ｄさん（73歳）　：2023年中の収入は、公的年金の老齢給付のみであり、その収入金額は120万円である。
>
> 〈Ａさんの2023年分の収入等に関する資料〉
>
> (1)　事業所得の金額　　　　　　　　　　：580万円（青色申告特別控除後）
>
> (2)　一時払変額個人年金保険（10年確定年金）の解約返戻金
>
> 　　契約年月　　　　　　　　　　　　　：2015年10月
>
> 　　契約者（＝保険料負担者）・被保険者：Ａさん
>
> 　　死亡保険金受取人　　　　　　　　　：妻Ｂさん
>
> 　　解約返戻金額　　　　　　　　　　　：480万円
>
> 　　正味払込保険料　　　　　　　　　　：400万円
>
> ※　妻Ｂさん、長男Ｃさんおよび母Ｄさんは、Ａさんと同居し、生計を一にしている。
>
> ※　Ａさんとその家族は、いずれも障害者および特別障害者には該当しない。
>
> ※　Ａさんとその家族の年齢は、いずれも2023年12月31日現在のものである。
>
> ※　上記以外の条件は考慮せず、各問に従うこと。

《問7》　所得税における青色申告制度に関する以下の文章の空欄①〜③に入る語句または数値の組合せとして、次のうち最も適切なものはどれか。

ⅰ）「事業所得の金額の計算上、青色申告特別控除として最高（　①　）
万円を控除することができます。（　①　）万円の青色申告特別控除の
適用を受けるためには、事業所得に係る取引を正規の簿記の原則に従い
記帳し、その記帳に基づいて作成した貸借対照表、損益計算書その他の
計算明細書を添付した確定申告書を法定申告期限内に提出することに加
えて、e-Tax による申告（電子申告）または電子帳簿保存を行う必要が
あります。なお、確定申告書を法定申告期限後に提出した場合、青色申
告特別控除額は最高（　②　）万円となります」

ⅱ）「青色申告者が受けられる税務上の特典として、青色申告特別控除の
ほかに、青色事業専従者給与の必要経費算入、純損失の３年間の繰越控
除、純損失の繰戻還付、棚卸資産の評価について（　③　）を選択する
ことができることなどが挙げられます」

1)　①　55　　　②　10　　　③　低価法
2)　①　65　　　②　10　　　③　低価法
3)　①　65　　　②　55　　　③　定額法

《問８》　Aさんの2023年分の所得税の課税に関する次の記述のうち、最も
適切なものはどれか。

1)　「Aさんが受け取った一時払変額個人年金保険の解約返戻金は、源泉分
離課税の対象となります」

2)　「Aさんは、妻Bさんに係る配偶者控除の適用を受けることができ、そ
の控除額は38万円です」

3)　「Aさんは、母Dさんに係る扶養控除の適用を受けることができ、その
控除額は58万円です」

《問９》　Aさんの2023年分の所得税における総所得金額は、次のうちどれ
か。

1)　580万円
2)　595万円
3)　610万円

《問7》

① 事業所得の金額の計算上、青色申告特別控除として最高<u>65</u>万円を控除することができる。<u>65</u>万円を控除することができるのは、一定の要件をすべて満たした上で、e-Taxによる申告（電子申告）または電子帳簿保存を行う場合である。

② 確定申告書を法定申告期限後に提出した場合、青色申告特別控除額は最高<u>10</u>万円となる。

③ 青色申告者が受けられる税務上の特典として、棚卸資産の評価について<u>低価法</u>を選択することができることなどがある。

> 正解 2

《問8》

1) 不適切。Aさんが受け取った一時払変額個人年金保険の解約返戻金は、契約後5年超経過後の解約であるため、一時所得として総合課税の対象となる。

2) 不適切。妻Bさんは、Aさんが営む事業に専ら従事している青色事業専従者であるため、合計所得金額の多寡にかかわらず、配偶者控除の対象とならない。

3) 適切。母Dさん（73歳）は、70歳以上でAさんと同居しているため同居老親等に該当し、Aさんが適用を受けることができる扶養控除の控除額は58万円である。

> 正解 3

《問9》

① 事業所得の金額：580万円

② 一時所得の金額（一時払変額個人年金保険の解約返戻金）

$$＝総収入金額－支出金額－特別控除額（最高50万円）$$
$$＝480万円－400万円－50万円＝30万円$$

③ 総所得金額＝①580万円（事業所得）＋②30万円（一時所得）×$\frac{1}{2}$

$$＝595万円$$

> 正解 2

✔ Check!  □□□

タックスプランニング(3)

　会社員のAさんは、妻Bさん、長男Cさんおよび長女Dさんとの4人家族である。2023年5月に20歳になった長男Cさんの国民年金保険料は、Aさんが毎月支払っている。

〈Aさんとその家族に関する資料〉

Aさん（45歳）　　　：会社員

妻Bさん（44歳）　　：パートタイマー。2023年中に、給与収入80万円を得ている。

長男Cさん（20歳）：大学生。2023年中の収入はない。

長女Dさん（17歳）：高校生。2023年中の収入はない。

〈Aさんの2023年分の収入等に関する資料〉

(1)　給与収入の金額　　：750万円

(2)　不動産所得の金額：30万円

(3)　一時払養老保険（10年満期）の満期保険金

　　　契約年月　　　　　　　　　　　　：2013年8月

　　　契約者（＝保険料負担者）・被保険者：Aさん

　　　死亡保険金受取人　　　　　　　　：妻Bさん

　　　満期保険金受取人　　　　　　　　：Aさん

　　　満期保険金額　　　　　　　　　　：350万円

　　　正味払込保険料　　　　　　　　　：330万円

※　妻Bさん、長男Cさんおよび長女Dさんは、Aさんと同居し、生計を一にしている。

※　Aさんとその家族は、いずれも障害者および特別障害者には該当しない。

※　Aさんとその家族の年齢は、いずれも2023年12月31日現在のものである。

※　上記以外の条件は考慮せず、各問に従うこと。

《問7》　Aさんの2023年分の所得税における総所得金額は、次のうちどれ

か。

1) 595万円

2) 605万円

3) 615万円

〈資料〉給与所得控除額

給与収入金額		給与所得控除額
万円超	万円以下	
～	180	収入金額×40%－10万円 $\left(\begin{array}{l}55万円に満たない\\場合は、55万円\end{array}\right)$
180 ～	360	収入金額×30%＋8万円
360 ～	660	収入金額×20%＋44万円
660 ～	850	収入金額×10%＋110万円
850 ～		195万円

《問8》 Aさんの2023年分の所得税における所得控除に関する次の記述のうち、最も適切なものはどれか。

1) 「Aさんが適用を受けることができる基礎控除の控除額は、38万円です」

2) 「Aさんが適用を受けることができる扶養控除の控除額は、101万円です」

3) 「Aさんが適用を受けることができる配偶者控除の控除額は、48万円です」

《問9》 Aさんの2023年分の所得税の課税に関する次の記述のうち、最も不適切なものはどれか。

1) 「Aさんが2023年中に支払った長男Cさんの国民年金保険料は、その全額を社会保険料控除として総所得金額等から控除することができます」

2) 「Aさんが受け取った一時払養老保険の満期保険金に係る差益は、源泉分離課税の対象となります」

3) 「Aさんは、不動産所得の金額が20万円を超えるため、所得税の確定申告をしなければなりません」

《問7》

①給与所得の金額＝給与収入金額－給与所得控除額

$\qquad$ ＝750万円－（750万円×10％＋110万円）＝565万円

②一時所得の金額（一時払養老保険（10年満期）の満期保険金）

$\qquad$ ＝総収入金額－支出金額－特別控除額（最高50万円）

$\qquad$ ＝350万円－330万円－20万円＝0円

③総所得金額－565万円（給与所得）＋30万円（不動産所得）＝595万円

正解　1

《問8》

1) 不適切。Aさんの合計所得金額は2,400万円以下であるため、適用を受けることができる基礎控除の控除額は、48万円である。

2) 適切。長男Cさん（20歳）は、19歳以上23歳未満であるため特定扶養親族に該当し、扶養控除の控除額は63万円である。長女Dさん（17歳）は、16歳以上19歳未満であるため一般の控除対象扶養親族に該当し、扶養控除の控除額は38万円である。したがって、Aさんが適用を受けることができる扶養控除の控除額は、「63万円＋38万円＝101万円」である。

3) 不適切。Aさんの合計所得金額は900万円以下、Bさん（70歳未満）の合計所得金額は48万円以下であるため、適用を受けることができる配偶者控除の控除額は、38万円である。

$\qquad$ 妻Bさんの給与所得の金額（合計所得金額）＝80万円－55万円＝25万円

正解　2

《問9》

1) 適切。Aさんが支払った生計を一にする親族（長男Cさん）の国民年金保険料は、その全額がAさんの社会保険料控除の対象となる。

2) 不適切。Aさんが受け取った一時払養老保険（10年満期）の満期保険金は、保険期間が5年を超えているため、一時所得として総合課税の対象となる。

3) 適切。給与所得者であっても、給与所得以外の所得の金額が20万円を超える場合には、所得税の確定申告をしなければならない。

正解　2

第 4 問

不動産⑴

　　Aさん（53歳）は、13年前に父親の相続により取得した自宅（建物およびその敷地である甲土地）に居住している。Aさんは、自宅の設備が古くなってきたことや老後の生活のことも考え、自宅を売却し、駅前のマンションを購入して転居することを検討している。

　　先日、Aさんが知り合いの不動産会社の社長に相談したところ、「甲土地のある駅周辺は再開発が進んでおり、居住用建物について相応の需要が見込まれる。自宅を売却するのもよいと思うが、甲土地で賃貸マンション経営をすることも検討してみてはどうか」とアドバイスを受けた。

〈甲土地の概要〉

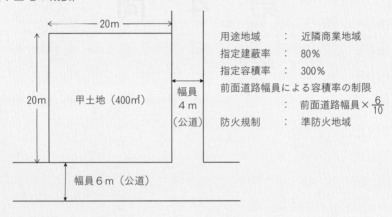

・甲土地は、建蔽率の緩和について特定行政庁が指定する角地である。

・指定建蔽率および指定容積率とは、それぞれ都市計画において定められた数値である。

・特定行政庁が都道府県都市計画審議会の議を経て指定する区域ではない。

※　上記以外の条件は考慮せず、各問に従うこと。

《問10》　甲土地に賃貸マンション（耐火建築物）を建築する場合の①建蔽率の上限となる建築面積と②容積率の上限となる延べ面積の組合せとして、次のうち最も適切なものはどれか。

1)　①　360㎡　　　②　960㎡

2) ① 400㎡ ② 960㎡

3) ① 400㎡ ② 1,200㎡

《問11》 自宅（建物およびその敷地である甲土地）の譲渡に関する以下の
文章の空欄①〜③に入る語句の組合せとして、次のうち最も適切なものはど
れか。

> 「Aさんが駅前のマンションに転居し、その後、居住していない現在の
> 自宅を譲渡した場合に、Aさんが『居住用財産を譲渡した場合の3,000万
> 円の特別控除の特例』の適用を受けるためには、Aさんが居住しなくなっ
> た日から（ ① ）を経過する日の属する年の12月31日までに現在の自
> 宅を譲渡すること等の要件を満たす必要があります。また、『居住用財産
> を譲渡した場合の長期譲渡所得の課税の特例』（軽減税率の特例）の適用
> を受ける場合、現在の自宅の譲渡に係る課税長期譲渡所得金額のうち、
> （ ② ）以下の部分については、所得税および復興特別所得税（ ③ ）、
> 住民税4％の税率で課税されます」

1) ① 3年 ② 6,000万円 ③ 10.21％

2) ① 3年 ② 1億円 ③ 15.315％

3) ① 5年 ② 1億円 ③ 10.21％

《問12》 自己建設方式による甲土地の有効活用に関する次の記述のうち、
最も適切なものはどれか。

1) 「自己建設方式は、Aさんがマンション等の建築資金の調達や建築工事
の発注、建物の管理・運営を自ら行う方式です。Aさん自らが貸主となっ
て所有するマンションの賃貸を行うためには、あらかじめ宅地建物取引業
の免許を取得する必要があります」

2) 「Aさんが甲土地に賃貸マンションを建築した場合、相続税の課税価格
の計算上、甲土地は貸家建付地として評価されます」

3) 「Aさんが甲土地に賃貸マンションを建築した場合、甲土地に係る固定
資産税の課税標準を、住宅1戸につき200㎡までの部分（小規模住宅用
地）について課税標準となるべき価格の2分の1の額とする特例の適用を
受けることができます」

第4問

実技（個人）編

131

《問10》

① 建蔽率の上限となる建築面積

上限となる建築面積は、「敷地面積×建蔽率」により計算することができる。

上限となる建築面積＝400㎡×（80％＋10％＋10％※）＝400㎡

※ 準防火地域内に耐火建築物を建築するため10％加算され、特定行政庁が指定する角地であるためさらに10％加算される。

② 容積率の上限となる延べ面積

上限となる延べ面積は、「敷地面積×容積率」により計算することができる。甲土地は、前面道路（2つあるため、幅員の広いほうである幅員6mの公道）が12m未満であるため、次の❶、❷のいずれか低いほうの容積率が適用される。

❶ 指定容積率（300％）

❷ 前面道路幅員（m）× $\frac{6}{10}$ ＝ 6m× $\frac{6}{10}$ ＝360％

❶のほうが低いため、容積率は300％を適用する。

上限となる延べ面積＝400㎡×300％＝1,200㎡

正解 **3**

《問11》

① 「居住用財産を譲渡した場合の3,000万円の特別控除の特例」の適用を受けるためには、Aさんが居住しなくなった日から3年を経過する日の属する年の12月31日までに自宅を譲渡することが必要である。

②③ 「居住用財産を譲渡した場合の長期譲渡所得の課税の特例」（軽減税率の特例）の適用を受ける場合、課税長期譲渡所得金額のうち、6,000万円以下の部分については、所得税および復興特別所得税10.21％、住民税4％の税率で課税される。

正解 **1**

《問12》

1) 不適切。自らが貸主となって所有するマンションの賃貸を行う行為は、宅地建物取引業には該当しないため、宅地建物取引業の免許を取得する必要はない。

2) 適切。自ら所有する土地に賃貸マンション（貸家）を建築した場合、相続税

の課税価格の計算上、当該土地は貸家建付地として評価される。

3)　不適切。甲土地に賃貸マンションを建築した場合、甲土地に係る固定資産税の課税標準を、住宅1戸につき200㎡までの部分（小規模住宅用地）について課税標準となるべき価格の6分の1の額とする特例の適用を受けることができる。

正解 2

✓ Check! ▶ □□□

不動産⑵

　Aさん（55歳）は、昨年、父親の相続によりX市内の実家（甲土地およ
び建物）を取得した。法定相続人は、長男のAさんのみであり、相続に係る
申告・納税等の手続は完了している。

　Aさんは、別の都市に自宅を所有し、家族と居住しているため、相続後に
空き家となっている実家（築45年）の売却を検討している。しかし、先日、
友人の不動産会社の社長から、「甲土地は、最寄駅から徒歩5分の好立地に
あり、相応の住宅需要が見込める。自己建設方式による賃貸マンションの建
築を検討してみてはどうか」との提案があったことで、甲土地の有効活用に
も興味を持ち始めている。

〈甲土地の概要〉

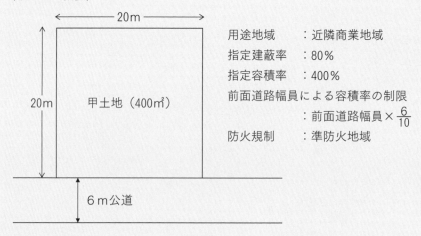

用途地域　　　：近隣商業地域
指定建蔽率　　：80％
指定容積率　　：400％
前面道路幅員による容積率の制限
　　　　　　　：前面道路幅員×$\frac{6}{10}$
防火規制　　　：準防火地域

・指定建蔽率および指定容積率とは、それぞれ都市計画において定められた
　数値である。

・特定行政庁が都道府県都市計画審議会の議を経て指定する区域ではない。

※　上記以外の条件は考慮せず、各問に従うこと。

《問10》　甲土地に耐火建築物を建築する場合の①建蔽率の上限となる建築
面積と②容積率の上限となる延べ面積の組合せとして、次のうち最も適切な
ものはどれか。

1) ① 360㎡   ② 1,440㎡
2) ① 360㎡   ② 1,600㎡
3) ① 400㎡   ② 1,600㎡

《問11》 「被相続人の居住用財産（空き家）に係る譲渡所得の特別控除の特例」（以下、「本特例」という）に関する次の記述のうち、最も不適切なものはどれか。

1) 「本特例の適用を受けるためには、相続した家屋について、1981年5月31日以前に建築されたこと、相続開始直前において被相続人以外に居住をしていた人がいなかったことなどの要件を満たす必要があります」

2) 「本特例の適用を受けるためには、譲渡の対価の額が5,000万円以下でなければなりません」

3) 「本特例の適用を受けるためには、確定申告書にX市から交付を受けた被相続人居住用家屋等確認書を添付する必要があります」

《問12》 甲土地の有効活用等に関する次の記述のうち、最も適切なものはどれか。

1) 「自己建設方式とは、Aさんが所有する土地の上に、事業者が建設資金を負担してマンション等を建設し、完成した建物の住戸等をAさんと事業者がそれぞれの出資割合に応じて取得する手法です」

2) 「甲土地が貸付事業用宅地等に該当すれば、『小規模宅地等についての相続税の課税価格の計算の特例』の適用を受けることができます。貸付事業用宅地等は、相続税の課税価格の計算上、330㎡までの部分について50%の減額が受けられます」

3) 「Aさんが金融機関から融資を受けて賃貸マンションを建築した場合、Aさんの相続における相続税額の計算上、当該借入金の残高は債務控除の対象となります」

解答と解説

《問10》

① 建蔽率の上限となる建築面積

上限となる建築面積は、「敷地面積×建蔽率」により計算することができる。

上限となる建築面積＝400㎡×（80％＋10％[※]）＝360㎡

※　準防火地域内に耐火建築物を建築するため、10％加算される。

② 容積率の上限となる延べ面積

上限となる延べ面積は、「敷地面積×容積率」により計算することができる。甲土地は、前面道路（幅員 6 m公道）が12m未満であるため、次の❶、❷のいずれか低いほうの容積率が適用される。

❶指定容積率（400％）　❷前面道路幅員（m）$\times \dfrac{6}{10} = 6\,\text{m} \times \dfrac{6}{10} = 360\%$

❷のほうが低いため、容積率は360％を適用する。

上限となる延べ面積＝400㎡×360％＝1,440㎡

正解 1

《問11》

1)　適切。

2)　不適切。本特例の適用を受けるためには、譲渡の対価の額が 1 億円以下でなければならない。

3)　適切。

正解 2

《問12》

1)　不適切。本肢の記述は、等価交換方式に関する説明である。自己建設方式とは、土地所有者が土地の有効活用に関する一切の業務を行う手法である。

2)　不適切。貸付事業用宅地等として、「小規模宅地等についての相続税の課税価格の計算の特例」の適用を受けた場合、相続税の課税価格の計算上、200㎡までの部分について50％の減額が受けられる。

3)　適切。相続税額の計算上、借入金の残高は債務控除の対象となる。

正解 3

不動産(3)

> Aさん（65歳）は、12年前に父親の相続により取得した自宅（建物およびその敷地である甲土地）を所有している。Aさんが居住する自宅の建物は、父親が40年前に建てたものであり、Aさんは老朽化した自宅での生活に不便さを感じている。Aさんは自宅を売却し、駅前のマンションを購入して移り住むことを検討している。
>
> 先日、Aさんが知り合いの不動産会社の社長に相談したところ、「甲土地は最寄駅に近く、都心へのアクセスもよい。賃貸マンションの経営を含め、有効活用を検討してみてはどうか」とアドバイスを受けた。

〈甲土地の概要〉

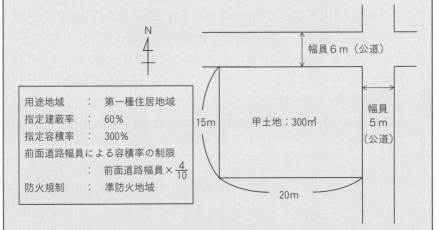

用途地域	：	第一種住居地域
指定建蔽率	：	60%
指定容積率	：	300%
前面道路幅員による容積率の制限		
	：	前面道路幅員 × $\frac{4}{10}$
防火規制	：	準防火地域

- 甲土地は、建蔽率の緩和について特定行政庁が指定する角地である。
- 指定建蔽率および指定容積率とは、それぞれ都市計画において定められた数値である。
- 特定行政庁が都道府県都市計画審議会の議を経て指定する区域ではない。
- ※　上記以外の条件は考慮せず、各問に従うこと。

《問10》　甲土地に耐火建築物を建築する場合の①建蔽率の上限となる建築面積と②容積率の上限となる延べ面積の組合せとして、次のうち最も適切なものはどれか。

1) ① 210㎡　　② 720㎡
2) ① 210㎡　　② 900㎡
3) ① 240㎡　　② 720㎡

《問11》　自宅（建物およびその敷地である甲土地）の譲渡に関する以下の文章の空欄①～③に入る語句の組合せとして、次のうち最も適切なものはどれか。

> i）「Aさんが駅前のマンションに転居し、その後、居住していない現在の自宅を譲渡する場合に、『居住用財産を譲渡した場合の3,000万円の特別控除の特例』の適用を受けるためには、Aさんが居住しなくなった日から（　①　）を経過する日の属する年の12月31日までの譲渡であること等の要件を満たす必要があります」
>
> ii）「Aさんが『居住用財産を譲渡した場合の長期譲渡所得の課税の特例』の適用を受ける場合、課税長期譲渡所得金額が6,000万円以下の部分について軽減税率が適用されます。本特例の適用を受けるためには、譲渡した年の1月1日において譲渡した居住用財産の所有期間が（　②　）を超えていなければなりません。なお、本特例と『居住用財産を譲渡した場合の3,000万円の特別控除の特例』は併用して適用を受けることが（　③　）」

1) ① 3年　　② 10年　　③ できます
2) ① 5年　　② 10年　　③ できません
3) ① 5年　　② 20年　　③ できます

《問12》　甲土地の有効活用に関する次の記述のうち、最も不適切なものはどれか。

1) 「Aさんが甲土地に賃貸マンションを建築した場合、相続税の課税価格の計算上、甲土地は貸宅地として評価されます」
2) 「Aさんが甲土地に賃貸マンションを建築した場合、甲土地に係る固定資産税の課税標準を、住宅1戸につき200㎡までの部分（小規模住宅用地）について課税標準となるべき価格の6分の1の額とする特例の適用を受けることができます」

3) 「Aさんが金融機関から融資を受けて、甲土地に賃貸マンションを建築した場合、Aさんの相続における相続税額の計算上、当該借入金の残高は、原則として、債務控除の対象となります」

解答と解説

《問10》

① 建蔽率の上限となる建築面積

上限となる建築面積は、「敷地面積×建蔽率」により計算することができる。

上限となる建築面積 = 300㎡ × （60％ + 10％※ + 10％※） = 240㎡

※ 準防火地域内に耐火建築物を建築するため、10％加算される。さらに、建蔽率の緩和について特定行政庁が指定する角地であるため、10％加算される。

② 容積率の上限となる延べ面積

上限となる延べ面積は、「敷地面積×容積率」により計算することができる。甲土地は、前面道路（幅員が広いほう：幅員6m公道）が12m未満であるため、次の❶、❷のいずれか低いほうの容積率が適用される。

❶指定容積率（300％）　　❷前面道路幅員（m）× $\frac{4}{10}$ = 6m × $\frac{4}{10}$ = 240％

❷のほうが低いため、容積率は240％を適用する。

上限となる延べ面積 = 300㎡ × 240％ = 720㎡

正解 3

《問11》

① 「居住用財産を譲渡した場合の3,000万円の特別控除の特例」の適用を受けるためには、Aさんが居住しなくなった日から3年を経過する日の属する年の12月31日までに譲渡しなければならない。

② 「居住用財産を譲渡した場合の長期譲渡所得の課税の特例」（軽減税率の特例）の適用を受けるためには、譲渡した年の1月1日において譲渡した居住用財産の所有期間が10年を超えていなければならない。

③ 「居住用財産を譲渡した場合の長期譲渡所得の課税の特例」（軽減税率の特例）と「居住用財産を譲渡した場合の3,000万円の特別控除の特例」は、併用して適用を受けることができる。

正解 1

《問12》

1) 不適切。自分の土地に賃貸マンション（貸家）を建築した場合、相続税の課税価格の計算上、その土地は貸家建付地として評価される。

2) 適切。

3) 適切。相続時に被相続人が残した借入金は、相続税額の計算上、原則として、債務控除の対象となる。

正解 1

第 5 問

相続・事業承継⑴

　Aさん（74歳）は、妻Bさん（70歳）、長女Cさん（45歳）との3人暮らしである。二女Dさん（40歳）は夫と子の3人で他県の持家に住んでいる。

　Aさんは、所有財産のうち、妻Bさんには自宅の敷地と建物を相続させ、普段から身の回りの世話をしてくれる長女Cさんには賃貸アパートの敷地と建物を相続させたいと考えている。長女Cさんと二女Dさんの関係は悪くないものの、Aさんは自身の相続が起こった際に遺産分割で争いが生じるのではないかと不安を感じている。

〈Aさんの親族関係図〉

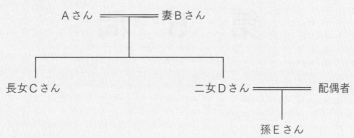

〈Aさんの推定相続人〉

妻Bさん　　：Aさんおよび長女Cさんと同居している。

長女Cさん：会社員。Aさん夫妻と同居している。

二女Dさん：専業主婦。夫と子の3人で他県の持家に住んでいる。

〈Aさんの主な所有財産（相続税評価額）〉

1．現預金	5,000万円
2．自宅敷地（200㎡）	6,000万円（注）
自宅建物	1,000万円
3．賃貸アパート敷地（250㎡）	7,000万円（注）
賃貸アパート建物（築10年・6室）：	2,000万円
合計	：2億1,000万円

（注）「小規模宅地等についての相続税の課税価格の計算の特例」適用前の金額

※　上記以外の条件は考慮せず、各問に従うこと。

《問13》 遺言に関する次の記述のうち、最も不適切なものはどれか。

1) 「遺産分割をめぐる争いを防ぐ手段として、遺言書の作成をお勧めします。自筆証書遺言は、遺言者が、その全文、日付および氏名を自書し、これに押印して作成するものです。財産目録については、パソコン等で作成することが認められています」

2) 「自筆証書遺言は、所定の手続により、法務局（遺言書保管所）に保管することができます」

3) 「公正証書遺言は、証人2人以上の立会いのもと、遺言者が遺言の趣旨を公証人に口授し、公証人がこれを筆記して作成します。その作成時、推定相続人である妻Bさんや長女Cさんを証人にすることができます」

《問14》 仮に、Aさんの相続が現時点（2023年5月28日）で開始し、Aさんの相続に係る課税遺産総額（課税価格の合計額－遺産に係る基礎控除額）が1億円であった場合の相続税の総額は、次のうちどれか。

1) 1,450万円

2) 1,695万円

3) 2,400万円

〈資料〉相続税の速算表（一部抜粋）

法定相続分に応ずる取得金額			税率	控除額
万円超		万円以下		
	～	1,000	10%	－
1,000	～	3,000	15%	50万円
3,000	～	5,000	20%	200万円
5,000	～	10,000	30%	700万円
10,000	～	20,000	40%	1,700万円

《問15》 現時点（2023年5月28日）において、Aさんの相続が開始した場合の相続税等に関する次の記述のうち、最も不適切なものはどれか。

1) 「妻Bさんが自宅の敷地（相続税評価額6,000万円）を相続により取得し、当該敷地の全部について、『小規模宅地等についての相続税の課税価格の計算の特例』の適用を受けた場合、減額される金額は4,800万円となります」

2) 「『配偶者に対する相続税額の軽減』の適用を受けた場合、妻Bさんが相続により取得した財産の金額が、配偶者の法定相続分相当額と1億6,000万円とのいずれか多い金額を超えない限り、妻Bさんが納付すべき相続税額は算出されません」

3) 「遺言により妻Bさんおよび長女Cさんが相続財産の大半を取得した場合、二女Dさんの遺留分を侵害する可能性があります。仮に、遺留分を算定するための財産の価額が2億円である場合、二女Dさんの遺留分の金額は5,000万円となります」

解答と解説

《問13》

1) 適切。

2) 適切。

3) 不適切。公正証書遺言の作成時に必要となる証人には、遺言者の推定相続人はなることができない。

正解 3

《問14》

① 法定相続人が法定相続分どおりに取得したと仮定した取得金額

・妻B　　1億円 × $\frac{1}{2}$ = 5,000万円 …………❶

・長女C　1億円 × $\frac{1}{2}$ × $\frac{1}{2}$ = 2,500万円……❷

・二女D　1億円 × $\frac{1}{2}$ × $\frac{1}{2}$ = 2,500万円……❸

② 相続税の総額（❶～❸に対する税額の合計）

・妻B　　❶5,000万円 × 20% − 200万円 = 800万円

・長女C　❷2,500万円 × 15% − 50万円 = 325万円

・二女D　❸2,500万円 × 15% − 50万円 = 325万円

合計（相続税の総額）1,450万円

正解 1

《問15》

1) 適切。自宅の敷地について「小規模宅地等についての相続税の課税価格の計

算の特例」の適用を受けた場合、330㎡までの部分について80％減額される。自宅の敷地は200㎡であるため敷地全体が減額の対象となる。

　　減額される金額＝6,000万円×80％＝4,800万円

2）　適切。

3）　不適切。全体の遺留分の割合は財産の2分の1となり、各相続人の遺留分は2分の1に各相続人の法定相続分を乗じた割合となる。二女Dの法定相続分は「1／2×1／2＝1／4」、遺留分は「1／2×1／4＝1／8」であるため、二女Dの遺留分の金額は「2億円×1／8＝2,500万円」となる。

正解　3

相続・事業承継(2)

　Aさん（83歳）は、妻Bさん（81歳）との2人暮らしである。Aさん夫妻には2人の子がいるが、Aさんは、孫Eさん（24歳）にも相応の資産を承継させたいと考えており、遺言の作成を検討している。

〈Aさんの親族関係図〉

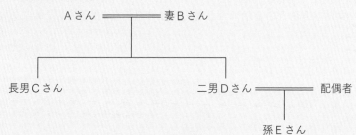

〈Aさんが保有する主な財産（相続税評価額）〉

現預金	：	3,000万円
上場株式	：	4,000万円
自宅（土地250㎡）	：	5,000万円（注）
自宅（建物）	：	1,000万円
賃貸マンション（土地400㎡）：		1億円（注）
賃貸マンション（建物）	：	8,000万円
合計	：	3億1,000万円

（注）「小規模宅地等についての相続税の課税価格の計算の特例」適用前の金額

※　上記以外の条件は考慮せず、各問に従うこと。

《問13》　遺言に関する次の記述のうち、最も適切なものはどれか。

1)　「公正証書遺言は、証人2人以上の立会いのもと、遺言者が遺言の趣旨を公証人に口授し、公証人がこれを筆記して作成するものです」

2)　「自筆証書遺言は、所定の手続により法務局（遺言書保管所）に保管することができますが、法務局に保管された自筆証書遺言は、相続開始時に家庭裁判所による検認手続が必要となります」

3)　「Aさんの遺言による相続分の指定や遺贈によって相続人の遺留分が侵

害された場合、その遺言は無効となります」

《問14》 仮に、Aさんの相続が現時点（2023年9月10日）で開始し、Aさんの相続に係る課税遺産総額（課税価格の合計額－遺産に係る基礎控除額）が2億1,000万円であった場合の相続税の総額は、次のうちどれか。

1) 3,500万円

2) 4,250万円

3) 6,750万円

〈資料〉相続税の速算表（一部抜粋）

法定相続分に応ずる取得金額			税率	控除額
万円超		万円以下		
	〜	1,000	10％	－
1,000	〜	3,000	15％	50万円
3,000	〜	5,000	20％	200万円
5,000	〜	10,000	30％	700万円
10,000	〜	20,000	40％	1,700万円
20,000	〜	30,000	45％	2,700万円

《問15》 現時点（2023年9月10日）において、Aさんの相続が開始した場合に関する次の記述のうち、最も不適切なものはどれか。

1) 「Aさんの相続における相続税額の計算上、遺産に係る基礎控除額は、4,500万円となります」

2) 「自宅の敷地と賃貸マンションの敷地について、『小規模宅地等についての相続税の課税価格の計算の特例』の適用を受けようとする場合、適用対象面積は所定の算式により調整され、完全併用はできません」

3) 「孫Eさんが遺贈により財産を取得した場合、相続税額の2割加算の対象となります」

解答と解説

《問13》

1) 適切。

2) 不適切。法務局に保管された自筆証書遺言は、相続開始時に家庭裁判所による検認手続が不要である。なお、法務局に保管されていない自筆証書遺言は、

検認手続きが必要である。

3)　不適切。遺留分が侵害された内容の遺言であっても、その遺言は無効とならない。

正解 1

《問14》

①　法定相続人が法定相続分どおりに取得したと仮定した取得金額

　・妻B　　　2億1,000万円 × $\frac{1}{2}$ ＝ 1億500万円 ………❶

　・長男C　　2億1,000万円 × $\frac{1}{2}$ × $\frac{1}{2}$ ＝ 5,250万円 ……❷

　・二男D　　2億1,000万円 × $\frac{1}{2}$ × $\frac{1}{2}$ ＝ 5,250万円 ……❸

②　相続税の総額（❶～❸に対する税額の合計）
　・妻B　　　❶ 1億500万円 × 40％ － 1,700万円 ＝ 2,500万円
　・長男C　　❷　　5,250万円 × 30％ － 　700万円 ＝ 　875万円
　・二男D　　❸　　5,250万円 × 30％ － 　700万円 ＝ 　875万円

合計（相続税の総額）4,250万円

正解 2

《問15》

1)　不適切。遺産に係る基礎控除額 ＝ 3,000万円 ＋ 600万円

×法定相続人の数（3人[※]）

＝ 4,800円

　　※　法定相続人の数は、妻B、長男C、二男Dの3人である。

2)　適切。自宅の敷地（特定居住用宅地等）と賃貸マンションの敷地（貸付事業用宅地等）について、「小規模宅地等についての相続税の課税価格の計算の特例」の適用を受けようとする場合、適用対象面積は所定の算式により調整され、完全併用はできない。

3)　適切。被相続人の「配偶者、父母、子」以外の人が相続により財産を取得した場合、相続税額の2割加算の対象となる。孫（代襲相続人を除く）は2割加算の対象となる。

正解 1

相続・事業承継(3)

　Aさんは、妻Bさんとの2人暮らしである。長男Cさんは、妻と高校生の長女Dさんとの3人で隣県にある賃貸マンションに住んでいる。Aさんは、長男Cさん家族の生活資金や孫Dさんの学費について面倒を見てやりたいと思っており、現金の贈与を検討している。

〈Aさんの親族関係図〉

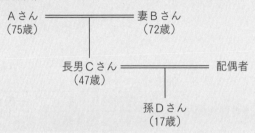

〈Aさんの主な所有財産（相続税評価額）〉

現預金　　　　　　：6,000万円
上場株式　　　　　：1,500万円
自宅（敷地300㎡）：7,000万円（注）
自宅（建物）　　　：300万円

（注）「小規模宅地等についての相続税の課税価格の計算の特例」適用前の金額

※　上記以外の条件は考慮せず、各問に従うこと。

《問13》 「直系尊属から教育資金の一括贈与を受けた場合の贈与税の非課税」（以下、「本制度」という）に関する次の記述のうち、最も適切なものはどれか。

1) 「本制度の適用を受けた場合、受贈者1人につき1,500万円までは贈与税が非課税となります。ただし、学習塾などの学校等以外の者に対して直接支払われる金銭については500万円が限度となります」

2) 「Aさんからの資金援助について、孫Dさんが本制度の適用を受けるためには、教育資金の贈与を受けた年の前年分の長男Cさんの所得税に係る合計所得金額が1,000万円以下でなければなりません」

3）「受贈者である孫Ｄさんが22歳到達年度の末日に達すると、教育資金管理契約は終了します。そのときに、非課税拠出額から教育資金支出額を控除した残額があるときは、当該残額は受贈者のその年分の贈与税の課税価格に算入されます」

《問14》　仮に、長男Ｃさんが暦年課税（各種非課税制度の適用はない）により、2024年中にＡさんから現金600万円の贈与を受けた場合の贈与税額は、次のうちどれか。

1）　68万円
2）　82万円
3）　90万円

〈資料〉贈与税の速算表（一部抜粋）

基礎控除後の課税価格		特例贈与財産		一般贈与財産	
		税率	控除額	税率	控除額
万円超	万円以下				
〜	200	10%	−	10%	−
200 〜	300	15%	10万円	15%	10万円
300 〜	400	15%	10万円	20%	25万円
400 〜	600	20%	30万円	30%	65万円
600 〜	1,000	30%	90万円	40%	125万円

《問15》　現時点（2024年1月28日）において、Ａさんの相続が開始した場合に関する次の記述のうち、最も不適切なものはどれか。

1）「妻Ｂさんが『配偶者に対する相続税額の軽減』の適用を受けた場合、妻Ｂさんが相続により取得した財産の額が、配偶者の法定相続分相当額と1億6,000万円とのいずれか多い金額を超えない限り、妻Ｂさんが納付すべき相続税額は算出されません」

2）「妻Ｂさんが自宅の敷地と建物を相続し、『小規模宅地等についての相続税の課税価格の計算の特例』の適用を受けた場合、自宅の敷地（相続税評価額7,000万円）について、相続税の課税価格に算入すべき価額は、1,400万円となります」

3）「相続税の申告書は、原則として、相続の開始があったことを知った日の翌日から4カ月以内に被相続人であるＡさんの死亡時の住所地を所轄す

解答と解説

《問13》

1) 適切。

2) 不適切。孫Dさんが本制度の適用を受けるためには、教育資金の贈与を受けた年の前年分の孫Dさんの所得税に係る合計所得金額が1,000万円以下でなければならない。

3) 不適切。孫Dさんが原則として30歳に達すると、教育資金管理契約は終了する。そのときに、非課税拠出額から教育資金支出額を控除した残額があるときは、当該残額は孫Dさんのその年分の贈与税の課税価格に算入される。

正解 **1**

《問14》

　長男Cさん（47歳）がAさんから贈与を受けた財産は、その年の1月1日時点で18歳以上の者が直系尊属から贈与を受けた財産であるため、特例贈与財産となる。

贈与税額＝基礎控除後の課税価格×特例贈与財産の税率－控除額
　　　　＝（600万円－110万円）×20％－30万円
　　　　＝68万円

正解 **1**

《問15》

1) 適切。

2) 適切。妻Bさんが自宅の敷地を相続し、「小規模宅地等についての相続税の課税価格の計算の特例」の適用を受けた場合、その評価額は、330㎡まで80％減額される。

相続税の課税価格に算入すべき価額＝7,000万円－（7,000万円×80％）
　　　　　　　　　　　　　　　　＝1,400万円

3) 不適切。相続税の申告書は、原則として、相続の開始があったことを知った日の翌日から10カ月以内に被相続人であるAさんの死亡時の住所地を所轄する税務署長に提出しなければない。

正解 **3**

保険資産相談業務

第 1 問

ライフプランニングと資金計画(1)

　　会社員のAさん（54歳）は、妻Bさん（50歳）および長男Cさん（19歳）との3人暮らしである。Aさんは、大学卒業後、X株式会社に入社し、現在に至るまで同社に勤務している。Aさんは、今後の資金計画を検討するにあたり、公的年金制度から支給される老齢給付について理解を深めたいと思っている。また、今年20歳になる長男Cさんの国民年金保険料について、学生納付特例制度の利用を検討している。

　　そこで、Aさんは、ファイナンシャル・プランナーのMさんに相談することにした。

〈Aさんとその家族に関する資料〉

(1)　Aさん（1968年11月28日生まれ・会社員）

・公的年金加入歴：下図のとおり（65歳までの見込みを含む）

　　　　　　　　　　20歳から大学生であった期間（29月）は国民年金に任意加入していない。

・全国健康保険協会管掌健康保険、雇用保険に加入中

20歳	22歳		65歳
国民年金 未加入期間 （29月）	厚生年金保険 被保険者期間 （511月）		

(2)　妻Bさん（1973年5月10日生まれ・パートタイマー）

・公的年金加入歴：18歳からAさんと結婚するまでの9年間（108月）は、厚生年金保険に加入。結婚後は、国民年金に第3号被保険者として加入している。

・全国健康保険協会管掌健康保険の被扶養者である。

(3)　長男Cさん（2003年8月19日生まれ・大学生）

・全国健康保険協会管掌健康保険の被扶養者である。

※　妻Bさんおよび長男Cさんは、現在および将来においても、Aさんと同居し、Aさんと生計維持関係にあるものとする。

※　家族全員、現在および将来においても、公的年金制度における障害等級に該当する障害の状態にないものとする。

※　上記以外の条件は考慮せず、各問に従うこと。

《問1》　はじめに、Mさんは、《設例》の〈Aさんとその家族に関する資料〉に基づき、Aさんが老齢基礎年金の受給を65歳から開始した場合の年金額（2022年度価額）を試算した。Mさんが試算した老齢基礎年金の年金額の計算式として、次のうち最も適切なものはどれか。

1)　$777,800 円 \times \dfrac{451 月}{480 月}$

2)　$777,800 円 \times \dfrac{480 月}{480 月}$

3)　$777,800 円 \times \dfrac{511 月}{480 月}$

《問2》　次に、Mさんは、Aさんおよび妻Bさんが受給することができる公的年金制度からの老齢給付について説明した。MさんのAさんに対する説明として、次のうち最も不適切なものはどれか。

1)　「Aさんおよび妻Bさんには、特別支給の老齢厚生年金の支給はありません。原則として、65歳から老齢基礎年金および老齢厚生年金を受給することになります」

2)　「Aさんが65歳から受給することができる老齢厚生年金の額には、妻Bさんが65歳になるまでの間、配偶者の加給年金額が加算されます」

3)　「Aさんが60歳0カ月で老齢基礎年金および老齢厚生年金の繰上げ支給を請求した場合、年金の減額率は30％となります」

《問3》　最後に、Mさんは、国民年金の学生納付特例制度（以下、「本制度」という）について説明した。Mさんが、Aさんに対して説明した以下の文章の空欄①～③に入る語句または数値の組合せとして、次のうち最も適切なものはどれか。

「本制度は、国民年金の第1号被保険者で大学等の所定の学校に在籍する学生について、（　①　）の前年所得が一定額以下の場合、所定の申請に基づき、国民年金保険料の納付を猶予する制度です。なお、本制度の適

用を受けた期間は、老齢基礎年金の（　②　）されます。

　本制度の適用を受けた期間の保険料は、（　③　）年以内であれば、追納することができます。ただし、本制度の承認を受けた期間の翌年度から起算して、3年度目以降に保険料を追納する場合には、承認を受けた当時の保険料額に経過期間に応じた加算額が上乗せされます」

1)　①　世帯主　　　　②　受給資格期間に算入　　③　5
2)　①　学生本人　　　②　受給資格期間に算入　　③　10
3)　①　世帯主　　　　②　年金額に反映　　　　　③　10

解答と解説

《問1》

　老齢基礎年金の年金額の計算式（保険料免除期間がない場合）は、次のとおりである。

$$老齢基礎年金の年金額 = 777,800円 \times \frac{保険料納付済月数}{480月}$$

$$Aさんの老齢基礎年金の年金額 = 777,800円 \times \frac{451月}{480月}$$

　厚生年金保険の加入期間は保険料納付済月数に含まれるが、国民年金の未加入期間（29月）は含まれない。また、保険料納付済月数は、原則として、20歳以上60歳未満（480月）の期間の月数に限られているため、60歳から65歳に達するまでの厚生年金保険の加入期間（60月）は含まれない。したがって、Aさんの保険料納付済月数は「480月 − 29月 = 451月」となる。なお、777,800円は2023年度価額であり、2024年度価額は816,000円（67歳以下の者の額）である。

正解　1

《問2》

1)　適切。Aさんは1961年4月2日以降生まれの男性であり、妻Bさんは1966年4月2日以降生まれの女性であるため、いずれも特別支給の老齢厚生年金の支給はない。

2)　適切。Aさんの厚生年金保険の被保険者期間が20年（240月）以上あるため、妻Bさんが65歳になるまでの間、Aさんの老齢厚生年金には配偶者の加給年金額が加算される。

3) 不適切。Ａさん（1962年４月２日以降生まれ）が老齢基礎年金および老齢厚生年金の繰上げ支給を請求した場合、繰上げ１カ月当たり0.4％の減額率で年金額が減額される。60歳０カ月で繰上げ支給の請求をした場合、60月繰り上げることになるため、減額率は「0.4％×60月＝<u>24％</u>」となる。

正解 3

《問3》

① 学生納付特例制度は、<u>学生本人</u>の前年所得が一定額以下の場合、所定の申請に基づき、国民年金保険料の納付を猶予する制度である、世帯主の所得は問われない。

② 学生納付特例制度の適用を受けた期間は、<u>老齢基礎年金の受給資格期間に算入</u>されるが、年金額には反映されない。

③ 学生納付特例制度の適用を受けた期間の保険料は、<u>10</u>年以内であれば、追納することができる。

正解 2

ライフプランニングと資金計画(2)

　　会社員のAさん（57歳）は、妻Bさん（58歳）との2人暮らしである。Aさんは、大学卒業後から現在に至るまでX株式会社に勤務しており、60歳の定年後も継続雇用制度を利用して、65歳まで勤務する予定である。Aさんは、老後の資金計画を検討するにあたり、公的年金制度から支給される老齢給付について理解を深めたいと思っている。

　　そこで、Aさんは、ファイナンシャル・プランナーのMさんに相談することにした。

〈Aさんとその家族に関する資料〉

(1)　Aさん（1966年1月10日生まれ・会社員）

・公的年金加入歴：下図のとおり（65歳までの見込みを含む）
　　　　　　　　　　20歳から大学生であった期間（27月）は国民年金に任意加入していない。

・全国健康保険協会管掌健康保険、雇用保険に加入している。

20歳　　　　　　　　　22歳	65歳
国民年金 未加入期間 （27月）	厚生年金保険 被保険者期間 （513月）

(2)　妻Bさん（1965年8月17日生まれ・パートタイマー）

・公的年金加入歴：18歳からAさんと結婚するまでの10年間（120月）は、厚生年金保険に加入。結婚後は、国民年金に第3号被保険者として加入している。

・全国健康保険協会管掌健康保険の被扶養者である。

※　妻Bさんは、現在および将来においても、Aさんと同居し、Aさんと生計維持関係にあるものとする。

※　Aさんおよび妻Bさんは、現在および将来においても、公的年金制度における障害等級に該当する障害の状態にないものとする。

※　上記以外の条件は考慮せず、各問に従うこと。

《問1》　はじめに、Mさんは、《設例》の〈Aさんとその家族に関する資料〉に基づき、Aさんが老齢基礎年金の受給を65歳から開始した場合の年金額

（2023年度価額）を試算した。Mさんが試算した老齢基礎年金の年金額の計算式として、次のうち最も適切なものはどれか。

1) $795{,}000\text{円} \times \dfrac{453月}{480月}$

2) $795{,}000\text{円} \times \dfrac{480月}{480月}$

3) $795{,}000\text{円} \times \dfrac{513月}{480月}$

《問2》 次に、Mさんは、老齢基礎年金の繰上げ支給および繰下げ支給について説明した。Mさんが、Aさんに対して説明した以下の文章の空欄①〜③に入る語句の組合せとして、次のうち最も適切なものはどれか。

> 「老齢基礎年金の支給開始年齢は原則65歳ですが、Aさんが希望すれば、60歳以上65歳未満の間に老齢基礎年金の繰上げ支給を請求することができます。ただし、繰上げ支給を請求した場合は、（　①　）減額された年金が支給されることになります。仮に、Aさんが60歳0カ月で老齢基礎年金の繰上げ支給を請求した場合の年金の減額率は、（　②　）となります。
> 　一方、Aさんが希望すれば、66歳以後、老齢基礎年金の繰下げ支給の申出をすることができます。繰下げ支給の申出をした場合は、繰り下げた月数に応じて年金額が増額されます。Aさんの場合、繰下げの上限年齢は（　③　）です」

1) ① 生涯　　　　　② 24％　　　③ 75歳
2) ① 80歳まで　　② 30％　　　③ 75歳
3) ① 生涯　　　　　② 30％　　　③ 70歳

《問3》 最後に、Mさんは、公的年金制度からの老齢給付について説明した。MさんのAさんに対する説明として、次のうち最も適切なものはどれか。

1) 「Aさんおよび妻Bさんには、特別支給の老齢厚生年金は支給されません。原則として、65歳から老齢厚生年金を受給することになります」
2) 「Aさんが老齢基礎年金の繰上げ支給の請求をする場合、その請求と同時に老齢厚生年金の繰上げ支給の請求をしなければなりません」

3) 「Aさんが65歳から受給することができる老齢厚生年金の額には、配偶者の加給年金額が加算されます」

解答と解説

《問1》

老齢基礎年金の年金額の計算式（保険料免除期間がない場合）は、次のとおりである。

$$老齢基礎年金の年金額 = 795,000円 \times \frac{保険料納付済月数}{480月}$$

$$Aさんの老齢基礎年金の年金額 = 795,000円 \times \frac{453月}{480月}$$

厚生年金保険の加入期間は保険料納付済月数に含まれるが、国民年金の未加入期間は含まれない。また、保険料納付済月数は、原則として、20歳以上60歳未満の期間の月数に限られているため、60歳から65歳に達するまでの厚生年金保険の加入期間（60月）は含まれない。したがって、Aさんの保険料納付済月数は「513月 − 60月 = 453月」となる。なお、795,000円は2023年度価額であり、2024年度価額は816,000円（67歳以下の者の額）である。

正解 1

《問2》

① 老齢基礎年金の繰上げ支給を請求した場合は、<u>生涯</u>減額された年金が支給されることになる。

② Aさん（1962年4月2日以降生まれ）の場合、繰上げ1カ月につき0.4％減額されるため、Aさんが60歳0カ月で老齢基礎年金の繰上げ支給を請求（繰上げ月数は5年×12月 = 60月）すると、年金の減額率は「0.4％×60月 = <u>24％</u>」となる。

③ Aさん（1952年4月2日以降生まれ）の場合、繰下げの上限年齢は<u>75歳</u>である。

正解 1

《問3》

1) 不適切。Aさんは1961年4月2日以降生まれの男性であるため、特別支給の老齢厚生年金は支給されない。一方、妻Bさんは、1966年4月1日までに生まれた女性であるため、特別支給の老齢厚生年金が支給される。なお、妻B

さんは、1964年4月2日から1966年4月1日までに生まれているため、64歳から支給される。

2)　適切。老齢基礎年金の繰上げ支給の請求と老齢厚生年金の繰上げ支給の請求は、同時に行わなければならない。

3)　不適切。Ａさんの厚生年金保険の被保険者期間は20年以上あるが、Ａさんが65歳時点で妻Ｂさんはすでに65歳に達しているため、配偶者の加給年金額は加算されない。

正解　2

ライフプランニングと資金計画(3)

　Aさん（41歳）は、飲食店を営んでいる個人事業主である。Aさんは、大学卒業後に入社した食品メーカーを退職した後、現在の飲食店を開業した。店の業績は、堅調に推移している。

　最近、Aさんは、老後の収入を増やすことができる各種制度を活用したいと考えている。

　そこで、Aさんは、ファイナンシャル・プランナーのMさんに相談することにした。

〈Aさんに関する資料〉

(1) 生年月日：1982年7月19日

(2) 公的年金加入歴：下図のとおり（60歳までの見込みを含む）

　　　　　　　　大学卒業後から10年間（120月）、厚生年金保険に加入。その後は国民年金の保険料を納付している。

20歳	22歳	32歳	60歳
国民年金 保険料未納期間 33月	厚生年金保険 被保険者期間 120月	国民年金 保険料納付済期間 327月	

※　Aさんは、現在および将来においても、公的年金制度における障害等級に該当する障害の状態にないものとする。

※　上記以外の条件は考慮せず、各問に従うこと。

《問1》　はじめに、Mさんは、〈Aさんに関する資料〉に基づき、Aさんが老齢基礎年金の受給を65歳から開始した場合の年金額（2023年度価額）を試算した。Mさんが試算した老齢基礎年金の年金額の計算式として、次のうち最も適切なものはどれか。

1)　$795{,}000円 \times \dfrac{327月}{480月}$

2)　$795{,}000円 \times \dfrac{447月}{480月}$

3)　$795{,}000円 \times \dfrac{447月 + 33月 \times \dfrac{1}{3}}{480月}$

《問2》 次に、Mさんは、老後の収入を増やすための各種制度について説明した。MさんのAさんに対する説明として、次のうち最も適切なものはどれか。

1) 「Aさんが国民年金の付加保険料を納付して、65歳から老齢基礎年金を受け取る場合、『400円×付加保険料納付済期間の月数』の算式で計算した額を付加年金として受け取ることができます」

2) 「国民年金基金は、老齢基礎年金に上乗せする年金を支給する任意加入の年金制度です。国民年金基金の老齢年金は、終身年金ではなく、5年もしくは10年の確定年金となります」

3) 「国民年金の第1号被保険者は、国民年金基金に加入することができますが、国民年金基金に加入した場合は、国民年金の付加保険料を納付することができません」

《問3》 最後に、Mさんは、確定拠出年金の個人型年金（以下、「個人型年金」という）について説明した。Mさんが、Aさんに対して説明した以下の文章の空欄①～③に入る語句または数値の組合せとして、次のうち最も適切なものはどれか。

「Aさんが個人型年金に加入した場合、拠出することができる掛金の限度額は、年額（　①　）円となります。拠出した掛金は、所得控除の対象となり、運用益は課税されません。個人型年金の老齢給付金は、60歳到達時点で通算加入者等期間が（　②　）年以上ある場合、60歳から受け取ることができます。

個人型年金は、Aさんの指図に基づく運用実績により、将来の年金受取額が増減する点に留意する必要があります。また、個人型年金の実施機関である（　③　）に対して、加入時に2,829円、掛金拠出時に収納1回当たり105円の手数料を支払うほか、運営管理機関等が定める手数料を負担する必要があります」

1)　①　816,000　　②　10　　③　国民年金基金連合会

2)　①　276,000　　②　5　　③　国民年金基金連合会

3)　①　276,000　　②　10　　③　企業年金連合会

解答と解説

《問1》

　老齢基礎年金の年金額の計算式（保険料免除期間がない場合）は、次のとおりである。

$$老齢基礎年金の年金額 = 795,000円 \times \frac{保険料納付済月数}{480月}$$

$$Aさんの老齢基礎年金の年金額 = 795,000円 \times \frac{447月}{480月}$$

　厚生年金保険の加入期間は保険料納付済月数に含まれるが、国民年金の保険料未納期間（33月）は含まれない。したがって、Aさんの保険料納付済月数は「120月 + 327月 = 447月」となる。なお、795,000円は2023年度価額であり、2024年度価額は816,000円（67歳以下の者の額）である。

正解　2

《問2》

1)　不適切。付加年金の年金額は「200円×付加保険料納付済期間の月数」の算式で計算した額である。なお、付加保険料は月額400円である。

2)　不適切。国民年金基金の老齢年金は、終身年金または確定年金（5年・10年・15年）である。

3)　適切。

正解　3

《問3》

①　国民年金の第1号被保険者が個人型年金に加入した場合、拠出することができる掛金の限度額は、年額816,000円となる。

②　個人型年金の老齢給付金は、60歳到達時点で通算加入者等期間が10年以上ある場合、60歳から受け取ることができる。なお、10年未満の場合は、通算加入者等期間の長さに応じて、61～65歳までに受給を開始することができる。

③　個人型年金の実施機関は、国民年金基金連合会である。

正解　1

第 2 問

リスク管理⑴

　会社員のAさん（52歳・全国健康保険協会管掌健康保険の被保険者）は、妻Bさん（50歳）および長女Cさん（19歳）との3人暮らしである。先日、Aさんは、Y生命保険の営業担当者からがん保険の見直しの提案を受けた。Aさんは、30代の頃からX生命保険のがん保険に加入しており、保障内容がより充実しているものであれば、見直してもよいと考えている。

　そこで、Aさんは、ファイナンシャル・プランナーのMさんに相談することにした。

〈Aさんが提案を受けたY生命保険のがん保険に関する資料〉

保険の種類：5年ごと配当付終身がん保険（終身払込）

月払保険料：7,300円

契約者（＝保険料負担者）・被保険者・受取人：Aさん

主契約および特約の内容	保障金額	保険期間
主契約：がん診断給付金（注1）	一時金100万円	終身
がん治療保障特約（注2）	月額10万円	終身
抗がん剤治療特約（注3）	月額10万円	10年
がん先進医療特約	先進医療の技術料と同額	10年

（注1）生まれて初めて所定のがん（悪性新生物）と診断された場合や、前回当該給付金の支払事由に該当した日から1年経過後に、新たに所定のがん（悪性新生物）と診断された場合に一時金が支払われる。

（注2）がん（悪性新生物）の治療を目的とする入院、所定の手術または放射線治療をした月ごとに支払われる。

（注3）がん（悪性新生物）の治療を目的とする所定の抗がん剤治療をした月ごとに支払われる。

〈Aさんが現在加入しているX生命保険のがん保険に関する資料〉

保険の種類：無配当終身がん保険（終身払込）

契約年月日：2005年10月1日／月払保険料：4,100円

契約者（＝保険料負担者）・被保険者・受取人：Aさん

主契約の内容	保障金額	保険期間
がん診断給付金（注４）	一時金100万円	終身
がん入院給付金	日額10,000円	終身
がん手術給付金	一時金10万円または20万円	終身
がん通院給付金	日額10,000円	終身

（注４）生まれて初めて所定のがん（悪性新生物）と診断された場合に一時
　　　　金が支払われる。

※　上記以外の条件は考慮せず、各問に従うこと。

《問４》　はじめに、Mさんは、がんの保障の見直しについて説明した。MさんのAさんに対する説明として、次のうち最も不適切なものはどれか。

1)　「がんは、再発のリスクがあり、治療期間が長期にわたるケースもあります。そのため、がんの保障を準備する際には、再発時の保障の有無やその内容を確認する必要があります」

2)　「AさんがX生命保険のがん保険に加入した当時と比べて、がんによる入院日数は短期化し、通院により治療が行われる場合も多くなっています。入院日数の長短にかかわらず一定額を受け取ることができる保障を準備することは検討に値します」

3)　「提案を受けたがん保険の保険料払込期間を終身払込から有期払込に変更することで、毎月の保険料負担は減少し、保険料の払込総額も少なくなります」

《問５》　次に、Mさんは、Aさんが提案を受けたがん保険の保障内容等について説明した。MさんのAさんに対する説明として、次のうち最も適切なものはどれか。

1)　「Aさんが生まれて初めて所定のがん（悪性新生物）に罹患した場合、がん診断給付金100万円を受け取ることができます。ただし、通常、がんの保障については契約日から６カ月間の免責期間があります」

2)　「Aさんががん診断給付金を受け取った場合、当該給付金は非課税所得として扱われます」

3)　「先進医療の治療を受けた場合、診察料、投薬料および技術料は全額自己負担になります。重粒子線治療や陽子線治療など、技術料が高額となる

ケースもありますので、がん先進医療特約の付加をお勧めします」

《問6》 最後に、Mさんは、全国健康保険協会管掌健康保険の高額療養費制度について説明した。Mさんが、Aさんに対して説明した以下の文章の空欄①～③に入る語句または数値の組合せとして、次のうち最も適切なものはどれか。

> 「Aさんに係る医療費の一部負担金の割合は、原則として（ ① ）割となりますが、（ ② ）内に、医療機関等に支払った医療費の一部負担金等の合計が自己負担限度額を超えた場合、所定の手続により、自己負担限度額を超えた額が高額療養費として支給されます。この一部負担金等の合計には、差額ベッド代、入院時の食事代、先進医療に係る費用等は含まれず、70歳未満の者の場合、原則として、医療機関ごとに、入院・外来、医科・歯科別に一部負担金等が（ ③ ）円以上のものが計算対象となります」

1) ① 1　　② 同一月　　③ 12,000

2) ① 3　　② 同一月　　③ 21,000

3) ① 3　　② 同一年　　③ 12,000

解答と解説

《問4》

1) 適切。がん再発時の保障の有無やその内容は、保険会社や商品、加入時期によって異なるため、確認する必要がある。

2) 適切。がんによる入院日数は徐々に短期化しているため、入院日数の長短にかかわらず一定額を受け取ることができる保障を準備することは検討に値する。

3) 不適切。終身がん保険の保険料払込期間を終身払込から有期払込に変更することで、毎月の保険料負担は増加する。毎月の保険料負担を抑えたい場合には、終身払込が適している。

正解 3

《問5》

1) 不適切。通常、がん保険におけるがんの保障については、契約日から3カ月

間の免責期間があり、この間にがんと診断された場合、がん診断給付金をはじめとするがんに関する各種給付金は支払われない。

2)　適切。被保険者が受け取るがん診断給付金は、非課税所得である。

3)　不適切。先進医療の治療を受けた場合、診察料や投薬料は公的医療保険の対象となる。技術料は全額自己負担になり、高額となるケースもあるため、がん先進医療特約を付加することは検討に値する。

正解　2

《問6》

①　Aさん（70歳未満の被保険者）に係る医療費の一部負担金の割合は、原則として3割となる。

②　同一月内に、医療機関等に支払った医療費の一部負担金等の合計が自己負担限度額を超えた場合、所定の手続により、自己負担限度額を超えた額が高額療養費として支給される。

③　70歳未満の者の場合、原則として、医療機関ごとに、入院・外来、医科・歯科別に一部負担金等が21,000円以上のものが高額療養費の計算対象となる。

正解　2

✔Check! □□□

リスク管理⑵

会社員のAさん（30歳）は、専業主婦の妻Bさん（28歳）および長女Cさん（0歳）の3人で賃貸マンションに暮らしている。Aさんは、長女Cさんの誕生を機に、生命保険の加入を検討していたところ、先日、生命保険会社の営業担当者から下記の生命保険の提案を受けた。

そこで、Aさんは、ファイナンシャル・プランナーのMさんに相談することにした。

〈Aさんが提案を受けた生命保険に関する資料〉

保険の種類　　　　　　　　：5年ごと配当付特約組立型総合保険（注1）

月払保険料　　　　　　　　：13,900円

保険料払込期間（更新限度）：90歳満了

契約者（＝保険料負担者）・被保険者：Aさん

死亡保険金受取人　　　　　：妻Bさん

指定代理請求人　　　　　　：妻Bさん

特約の内容	保障金額	保険期間
終身保険特約	200万円	終身
定期保険特約	3,000万円	10年
三大疾病一時金特約（注2）	200万円	10年
総合医療特約（180日型）	1日目から日額10,000円	10年
先進医療特約	先進医療の技術費用と同額	10年
指定代理請求特約	―	―
リビング・ニーズ特約	―	―

（注1）複数の特約を組み合わせて加入することができる保険

（注2）がん（悪性新生物）と診断確定された場合、または急性心筋梗塞・脳卒中で所定の状態に該当した場合に一時金が支払われる（死亡保険金の支払はない）。

※　上記以外の条件は考慮せず、各問に従うこと。

《問4》　はじめに、Mさんは、現時点の必要保障額を試算することにした。下記の〈算式〉および〈条件〉に基づき、Aさんが現時点で死亡した場合の必要保障額は、次のうちどれか。

1) 1,970万円

2) 3,520万円

3) 7,370万円

〈算式〉

必要保障額＝遺族に必要な生活資金等の支出の総額－遺族の収入見込金額

〈条件〉

1. 長女Cさんが独立する年齢は、22歳（大学卒業時）とする。

2. Aさんの死亡後から長女Cさんが独立するまで（22年間）の生活費は、現在の生活費（月額25万円）の70％とし、長女Cさんが独立した後の妻Bさんの生活費は、現在の生活費（月額25万円）の50％とする。

3. 長女Cさん独立時の妻Bさんの平均余命は、39年とする。

4. Aさんの死亡整理資金（葬儀費用等）・緊急予備資金の総額は、500万円とする。

5. 長女Cさんの教育資金および結婚援助資金の総額は、1,500万円とする。

6. Aさん死亡後の住居費（家賃）の総額は、5,400万円とする。

7. 死亡退職金とその他金融資産の総額は、2,000万円とする。

8. Aさん死亡後に妻Bさんが受け取る公的年金等の総額は、8,500万円とする。

《問5》 次に、Mさんは、必要保障額の考え方について説明した。Mさんの Aさんに対する説明として、次のうち最も適切なものはどれか。

1) 「Aさんが将来、住宅ローン（団体信用生命保険に加入）を利用して自宅を購入した場合、必要保障額の計算上、住宅ローンの残債務を遺族に必要な生活資金等の支出の総額に含める必要があります」

2) 「必要保障額を計算するうえで、公的年金の遺族給付について理解する必要があります。仮に、現時点でAさんが死亡した場合、妻Bさんに対して遺族基礎年金および遺族厚生年金が支給されますが、それらの給付はいずれも長女Cさんが18歳に到達した年度の3月末までとなります」

3) 「必要保障額の算出は、Aさんが死亡したときに遺族に必要な生活資金等が不足する事態を回避するための判断材料となります。第2子の誕生な

ど、節目となるライフイベントが発生するタイミングで、必要保障額を再計算することが大切です」

《問6》 最後に、Mさんは、生命保険の加入等についてアドバイスした。MさんのAさんに対するアドバイスとして、次のうち最も不適切なものはどれか。

1) 「必要保障額は、通常、子どもの成長とともに逓減していきますので、期間の経過に応じて年金受取総額が逓減する収入保障保険で死亡保障を準備することも検討事項の1つとなります」

2) 「生命保険を契約する際には、傷病歴や現在の健康状態などについて、事実をありのままに正しく告知してください。生命保険募集人は告知受領権を有していますので、当該募集人に対して、口頭で告知されることをお勧めします」

3) 「Aさんが病気やケガで就業不能状態となった場合、通常の生活費に加え、療養費等の出費もかさみ、支出が収入を上回る可能性があります。死亡保障だけでなく、就業不能保障の準備についてもご検討ください」

解答と解説

《問4》

① 遺族に必要な生活資金等の支出の総額
　＝遺族の生活費＋死亡整理資金・緊急予備資金＋教育資金＋結婚援助資金
　＝（25万円×70％×12カ月×22年）＋（25万円×50％×12カ月×39年）
　　＋500万円＋1,500万円＋5,400万円
　＝1億7,870万円

② 遺族の収入見込金額
　＝死亡退職金見込額・金融資産＋公的年金等
　＝2,000万円＋8,500万円
　＝1億500万円

③ 必要保障額
　①1億7,870万円－②1億500万円＝7,370万円

正解 3

174

《問5》

1) 不適切。団体信用生命保険の加入者が死亡した場合、残債務は保険金で完済される。したがって、住宅ローン（団体信用生命保険に加入）を利用して自宅を購入した場合、必要保障額の計算上、住宅ローンの残債務を遺族に必要な生活資金等の支出の総額に含める必要はない。

2) 不適切。遺族基礎年金は、長女Cさんが18歳に到達した年度の3月末までの支給となるが、その後も、遺族厚生年金の支給は継続される。

3) 適切。ライフイベントが発生するタイミングで、必要保障額を再計算することは大切である。

正解 **3**

《問6》

1) 適切。必要保障額は、通常、子どもの成長とともに逓減していくため、必要保障額の逓減に合わせた保険商品（収入保障保険など）で死亡保障を準備することは検討事項の1つとなる。

2) 不適切。生命保険募集人は告知受領権を有していないため、当該募集人に対して口頭で傷病歴や現在の健康状態などを伝えても告知したことにはならない。告知受領権は一般的に生命保険会社および生命保険会社が指定した医師が有している。

3) 適切。

正解 **2**

リスク管理⑶

　会社員のAさん（54歳）は、会社員の妻Bさん（53歳）との2人暮らしである。Aさん夫妻には子が1人いるが、既に結婚して独立している。

　Aさんは、先日、生命保険会社の営業担当者から終身介護保険の提案を受けたことを機に、要介護状態になった場合の保障を充実させたいと思うようになった。

　そこで、Aさんは、ファイナンシャル・プランナーのMさんに相談することにした。

〈Aさんが提案を受けた生命保険に関する資料〉

保険の種類　　：無配当終身介護保険

月払保険料　　：6,700円（全額が介護医療保険料控除の対象）

保険料払込期間：終身払込（注1）

契約者（＝保険料負担者）・被保険者・受取人：Aさん

指定代理請求人：妻Bさん

主契約の内容	保障金額	保険期間
終身介護年金（注2）	年額60万円	終身

特約の内容	保障金額	保険期間
介護一時金特約（注2・3）	一時金100万円	終身
指定代理請求特約	－	－

（注1）　保険料払込期間は、契約時に有期払込を選択することができる。

（注2）　公的介護保険制度の要介護3以上と認定された場合、または保険会社所定の要介護状態になった場合に支払われる（死亡保険金の支払はない）。

（注3）　介護一時金が支払われた場合、介護一時金特約は消滅する。

※　上記以外の条件は考慮せず、各問に従うこと。

《問4》　はじめに、Mさんは、公的介護保険について説明した。MさんのAさんに対する説明として、次のうち最も不適切なものはどれか。

1)　「公的介護保険の保険給付を受けるためには、市町村（特別区を含む）

から、要介護認定または要支援認定を受ける必要があります」

2) 「公的介護保険の第2号被保険者は、要介護状態または要支援状態となった原因が特定疾病によって生じたものでなければ、公的介護保険の保険給付は受けられません」

3) 「公的介護保険の第2号被保険者が、公的介護保険の保険給付を受けた場合、原則として、実際にかかった費用の3割を自己負担する必要があります」

《問5》 次に、Mさんは、Aさんが提案を受けた生命保険の保障内容等について説明した。MさんのAさんに対する説明として、次のうち最も不適切なものはどれか。

1) 「保険料払込期間を終身払込から有期払込にした場合、毎月の保険料負担は減少し、保険料の払込総額も少なくなります。保険料払込期間は有期払込を選択することを検討してはいかがでしょうか」

2) 「介護保障を準備するうえでは、目的に応じて保障内容を組み立てることが大切です。例えば、自宅の増改築費用は一時金タイプで準備し、毎月の介護費用は年金タイプで準備することなどが考えられます」

3) 「保険会社所定の認知症の状態に該当した場合や、身体障害者福祉法に連動して保険金・給付金が支払われる保険商品もあります。複数（他社）の保険商品の保障内容や保険料水準を確認することをお勧めします」

《問6》 最後に、Mさんは、Aさんが提案を受けた生命保険の課税関係について説明した。MさんのAさんに対する説明として、次のうち最も不適切なものはどれか。

1) 「当該生命保険の保険料は介護医療保険料控除の対象となります。適用限度額は、所得税で40,000円、住民税で28,000円となります」

2) 「Aさんが終身介護年金を受け取る場合、当該年金は非課税所得として扱われます」

3) 「指定代理請求特約により、妻BさんがAさんに代わって受け取る介護一時金特約の一時金は、一時所得として総合課税の対象となります」

解答と解説

《問4》

1) 適切。

2) 適切。公的介護保険の第2号被保険者（40歳以上65歳未満）は、要介護状態または要支援状態となった原因が特定疾病（加齢に起因する一定の疾病）によって生じたものでなければ、公的介護保険の保険給付は受けられない。なお、第1号被保険者（65歳以上）は、原因にかかわらず、公的介護保険の保険給付を受けることができる。

3) 不適切。公的介護保険の第2号被保険者が、公的介護保険の保険給付を受けた場合、原則として、実際にかかった費用の1割を自己負担する必要がある。なお、第1号被保険者は、所得に応じて1割・2割・3割となる。

正解 **3**

《問5》

1) 不適切。毎月の保険料負担は、有期払込よりも終身払込のほうが毎月の保険料負担は少なくなる。保険料の払込総額についてどちらが少なくなるかは、死亡時期によって異なる。

2) 適切。

3) 適切。保険会社の介護保険には、どのような状態に該当した場合に保険金・給付金が支払われるのかについて、さまざまな保険商品がある。

正解 **1**

《問6》

1) 適切。保険会社の介護保険（死亡保険金の支払なし）の保険料は、介護医療保険料控除の対象となる。

2) 適切。被保険者が受け取る介護年金は、非課税所得である。

3) 不適切。指定代理請求人（妻Bさん）が受け取る一時金は、非課税所得である。

正解 **3**

第 3 問

リスク管理(1)

Aさん（55歳）は、X株式会社（以下、「X社」という）の創業社長である。X社は、現在、下記の〈資料１〉の生命保険に加入している。

また、Aさんは最近、銀行から融資を受けたことをきっかけに、新たに事業保障資金の準備を検討している。

そこで、生命保険会社の営業担当者であるファイナンシャル・プランナーのMさんは、Aさんに対して、下記の〈資料２〉の生命保険を提案した。

〈資料１〉X社が現在加入している生命保険の契約内容

保険の種類	：５年ごと利差配当付長期平準定期保険（特約付加なし）
契約年月日	：2008年６月１日
契約者（＝保険料負担者）	：X社
被保険者	：Aさん
死亡保険金受取人	：X社
保険期間・保険料払込期間	：95歳満了
死亡・高度障害保険金額	：１億円
年払保険料	：240万円
65歳時の解約返戻金額	：5,500万円
65歳時の払込保険料累計額	：6,000万円

※ 解約返戻金額の80％の範囲内で、契約者貸付制度を利用することができる。

※ 保険料の払込みを中止し、払済終身保険に変更することができる。

〈資料２〉Aさんが提案を受けた生命保険の内容

保険の種類	：無配当定期保険（無解約返戻金型・特約付加なし）
契約者（＝保険料負担者）	：X社
被保険者	：Aさん
死亡保険金受取人	：X社
保険期間・保険料払込期間	：10年（自動更新タイプ）

死亡・高度障害保険金額	：1億円
年払保険料	：80万円

※ 上記以外の条件は考慮せず、各問に従うこと。

《問7》 仮に、将来X社がAさんに役員退職金6,000万円を支給した場合、Aさんが受け取る役員退職金に係る退職所得の金額として、次のうち最も適切なものはどれか。なお、Aさんの役員在任期間（勤続年数）を33年とし、これ以外に退職手当等の収入はなく、障害者になったことが退職の直接の原因ではないものとする。

1) 1,710万円
2) 2,145万円
3) 4,290万円

《問8》 Mさんは、〈資料1〉の長期平準定期保険について説明した。MさんのAさんに対する説明として、次のうち最も適切なものはどれか。

1) 「当該生命保険の単純返戻率（解約返戻金額÷払込保険料累計額）は、保険期間の経過に伴って徐々に上昇し、保険期間満了時にピークを迎えます」
2) 「X社が当該生命保険をAさんが65歳のときに解約した場合、解約時点における払込保険料累計額と解約返戻金額との差額を雑損失として経理処理をします」
3) 「契約者貸付制度を利用することにより、当該生命保険を解約することなく、資金を調達することができます。ただし、契約者貸付金には、保険会社所定の利息が発生します」

《問9》 Mさんは、〈資料2〉の定期保険について説明した。MさんのAさんに対する説明として、次のうち最も不適切なものはどれか。

1) 「X社が受け取る死亡保険金は、借入金の返済や運転資金等の事業資金として活用することができ、長期平準定期保険と比べて、割安な保険料で当面の死亡保障を準備することができます」
2) 「当該生命保険の払込保険料は、その全額を損金の額に算入することができます」

3) 「当該生命保険を10年後に更新する場合、保障内容が同一であれば、年
  払保険料の額は変わりません」

解答と解説

《問7》

①　退職所得控除額＝800万円＋70万円×（勤続年数－20年）

　　　　　　　　　＝800万円＋70万円×（33年－20年）＝1,710万円

②　退職所得の金額＝（収入金額－退職所得控除額）×$\frac{1}{2}$

　　　　　　　　　＝（6,000万円－①1,710万円）×$\frac{1}{2}$＝2,145万円

正解　2

《問8》

1)　不適切。長期平準定期保険の単純返戻率（解約返戻金額÷払込保険料累計
　額）は、保険期間の経過に伴って徐々に上昇するが、保険期間の途中でピーク
　を迎えた後は徐々に低下し、保険期間満了時にはゼロになる。

2)　不適切。Ｘ社が2019年7月7日以前に契約した当該生命保険を保険期間の
　前半6割の期間中であるＡさんが65歳のときに解約した場合、解約時点にお
　ける資産計上額（払込保険料累計額6,000万円×1／2＝3,000万円）と解約
　返戻金額（5,500万円）との差額（2,500万円）を雑収入として経理処理をす
　る。仕訳は以下のとおりである。

借　　方		貸　　方	
現金・預金	5,500万円	前払保険料	3,000万円
		雑収入	2,500万円

3)　適切。なお、契約者貸付制度を利用した場合の契約者貸付金は、負債として
　計上する。

正解　3

《問9》

1)　適切。Ｘ社が受け取る死亡保険金について使途に限定はないため、借入金の
　返済や運転資金等の事業資金、死亡退職金として活用することができる。無解
　約返戻金型の定期保険は、長期平準定期保険と比較すると貯蓄性がない分、保
　険料が割安である。

2) 適切。無解約返戻金型の定期保険の年払保険料は、その全額を損金の額に算入することができる。

3) 不適切。定期保険を10年後に更新する場合、保障内容が同一であれば、通常、更新後の年払保険料の額は更新前よりも<u>高くなる</u>。

正解 **3**

リスク管理(2)

　Aさん（65歳）は、X株式会社（以下、「X社」という）の創業社長である。Aさんは今期限りで勇退する予定であり、X社が加入している生命保険の解約返戻金を退職金の原資として活用したいと考えている。

　そこで、Aさんは、ファイナンシャル・プランナーのMさんに相談することにした。

〈資料〉X社が加入している生命保険に関する資料

保険の種類	：長期平準定期保険（特約付加なし）
契約年月日	：2003年12月1日
契約者（＝保険料負担者）	：X社
被保険者	：Aさん
死亡保険金受取人	：X社
死亡・高度障害保険金額	：1億円
保険期間・保険料払込期間	：95歳満了
年払保険料	：260万円
現時点の解約返戻金額	：4,200万円
現時点の払込保険料累計額	：5,200万円
※　保険料の払込みを中止し、払済終身保険に変更することができる。	

※　上記以外の条件は考慮せず、各問に従うこと。

《問7》　仮に、X社がAさんに役員退職金5,000万円を支給した場合、Aさんが受け取る役員退職金に係る退職所得の金額として、次のうち最も適切なものはどれか。なお、Aさんの役員在任期間（勤続年数）を30年とし、これ以外に退職手当等の収入はなく、障害者になったことが退職の直接の原因ではないものとする。

1)　1,750万円

2)　3,500万円

3)　3,800万円

《問8》　Mさんは、《設例》の長期平準定期保険について説明した。Mさん

のＡさんに対する説明として、次のうち最も適切なものはどれか。

1) 「当該生命保険の単純返戻率（解約返戻金額÷払込保険料累計額）は、保険期間の途中でピーク時期を迎え、その後は低下しますが、保険期間満了時に満期保険金が支払われます」

2) 「現時点で当該生命保険を払済終身保険に変更する場合、契約は継続するため、経理処理は必要ありません」

3) 「当該生命保険を払済終身保険に変更し、契約者をＡさん、死亡保険金受取人をＡさんの相続人に名義を変更することで、当該払済終身保険を役員退職金の一部としてＡさんに現物支給することができます」

第
3
問

実技（保険）編

《問9》 Ｘ社が現在加入している《設例》の長期平準定期保険を下記〈条件〉にて解約した場合の経理処理（仕訳）として、次のうち最も適切なものはどれか。

〈条件〉

・Ｘ社が解約時までに支払った保険料の累計額は、5,200万円である。

・解約返戻金の額は、4,200万円である。

・配当等、上記以外の条件は考慮しないものとする。

1)

借　　方		貸　　方	
現金・預金	4,200万円	前払保険料	2,600万円
雑損失	1,000万円	定期保険料	2,600万円

2)

借　　方		貸　　方	
現金・預金	4,200万円	前払保険料	2,600万円
		雑収入	1,600万円

3)

借　　方		貸　　方	
前払保険料	2,100万円	現金・預金	4,200万円
定期保険料	2,100万円		

解答と解説

《問7》

① 退職所得控除額＝800万円＋70万円×（勤続年数－20年）

$$= 800万円 + 70万円 × （30年 - 20年） = 1,500万円$$

② 退職所得の金額 ＝ （収入金額 － 退職所得控除額） $\times \dfrac{1}{2}$

$$= （5,000万円 - ①1,500万円） \times \dfrac{1}{2} = 1,750万円$$

正解 1

《問8》

1) 不適切。当該生命保険の単純返戻率（解約返戻金額÷払込保険料累計額）は、保険期間の途中でピーク時期を迎えてその後は低下し、保険期間満了時には0（ゼロ）になる。満期保険金は支払われない。

2) 不適切。X社が2019年7月7日以前に加入している長期平準定期保険の保険料（現時点の払込保険料累計額5,200万円）は、保険期間の前半6割の期間においては、その2分の1（2,600万円）が前払保険料として資産計上されている。現時点で払済終身保険に変更した場合、解約返戻金額（4,200万円）と資産計上額との差額（1,600万円）が雑収入として計上される。なお、仕訳は次のとおりである。

借　方	貸　方
保険料積立金　　4,200万円	前払保険料　　　2,600万円 雑収入　　　　　1,600万円

3) 適切。

正解 3

《問9》

借　方	貸　方
現金・預金　　　4,200万円	前払保険料　　　2,600万円 雑収入　　　　　1,600万円

　解約返戻金（4,200万円）を受け取ると現金・預金が増えるため、左側（借方）に仕訳する。

　解約時までに支払った長期平準定期保険の保険料累計額5,200万円は、その2分の1（2,600万円）が左側（借方）に前払保険料として資産計上されている。この資産計上額を取り崩すため、右側（貸方）に仕訳する。解約返戻金額と資産計上額との差額1,600万円は雑収入として益金算入され、右側（貸方）に仕訳する。

正解 2

リスク管理(3)

　Aさん（48歳）は、X株式会社（以下、「X社」という）の創業社長である。X社は、現在、役員退職金の準備を目的として、下記の〈資料１〉の生命保険に加入している。

　Aさんは先日、生命保険会社の営業担当者であるファイナンシャル・プランナーのMさんから、下記の〈資料２〉の生命保険の提案を受けた。

〈資料１〉 X社が現在加入している生命保険に関する資料

保険の種類	：５年ごと利差配当付長期平準定期保険（特約付加なし）
契約年月日	：2015年６月１日
契約者（＝保険料負担者）	：X社
被保険者	：Aさん
死亡保険金受取人	：X社
死亡・高度障害保険金額	：１億円
保険期間・保険料払込期間	：98歳満了
年払保険料	：230万円
65歳時の解約返戻金額	：4,950万円
65歳時の払込保険料累計額	：5,750万円

※　解約返戻金額の80％の範囲内で、契約者貸付制度を利用することができる。

※　保険料の払込みを中止し、払済終身保険に変更することができる。

〈資料２〉 Aさんが提案を受けた生命保険に関する資料

保険の種類	：無配当特定疾病保障定期保険（無解約返戻金型・特約付加なし）
契約者（＝保険料負担者）	：X社
被保険者	：Aさん
死亡保険金受取人	：X社
死亡・高度障害・特定疾病保険金額	：5,000万円
保険期間	：10年（自動更新タイプ）

年払保険料	：50万円

※ 死亡・所定の高度障害状態に該当した場合に加え、がん（悪性新生物）と診断確定された場合、または急性心筋梗塞・脳卒中で所定の状態に該当した場合に保険金が契約者に支払われる。

※ 上記以外の条件は考慮せず、各問に従うこと。

《問7》 仮に、将来X社がAさんに役員退職金4,000万円を支給した場合、Aさんが受け取る役員退職金に係る退職所得の金額として、次のうち最も適切なものはどれか。なお、Aさんの役員在任期間（勤続年数）を25年とし、これ以外に退職手当等の収入はなく、障害者になったことが退職の直接の原因ではないものとする。

1) 1,425万円

2) 1,500万円

3) 2,850万円

《問8》 Mさんは、〈資料1〉および〈資料2〉の定期保険について説明した。MさんのAさんに対する説明として、次のうち最も適切なものはどれか。

1) 「〈資料1〉の定期保険の単純返戻率（解約返戻金額÷払込保険料累計額）は、保険始期から上昇し、保険期間満了直前にピークを迎えます」

2) 「〈資料1〉の定期保険をAさんが65歳のときに解約した場合、解約時点における払込保険料累計額と解約返戻金額との差額を雑損失として経理処理します」

3) 「〈資料2〉の定期保険は、〈資料1〉の定期保険のようなキャッシュバリューは期待できませんが、X社が受け取る特定疾病保険金は、Aさんががん等の治療で不在の間、事業を継続させるための資金として活用することができます」

《問9》 〈資料2〉の定期保険の第1回保険料払込時の経理処理（仕訳）として、次のうち最も適切なものはどれか。

1)

借　方		貸　方	
定期保険料	50万円	現金・預金	50万円

2)

借　方		貸　方	
定期保険料	20万円	現金・預金	50万円
前払保険料	30万円		

3)

借　方		貸　方	
保険料積立金	50万円	現金・預金	50万円

第
3
問

実技（保険）編

解答と解説

《問7》

① 退職所得控除額 ＝ 800万円 ＋ 70万円 × （勤続年数 － 20年）

$$= 800万円 ＋ 70万円 × （25年 － 20年） ＝ 1,150万円$$

② 退職所得の金額 ＝ （収入金額 － 退職所得控除額） $\times \dfrac{1}{2}$

$$= （4,000万円 － ①1,150万円） \times \dfrac{1}{2} ＝ 1,425万円$$

正解　1

《問8》

1) 不適切。長期平準定期保険の単純返戻率（解約返戻金額÷払込保険料累計額）は、保険期間の経過に伴って徐々に上昇するが、保険期間の途中でピークを迎えた後は徐々に低下し、保険期間満了時にはゼロになる。

2) 不適切。X社が2019年7月7日以前に契約した当該生命保険を保険期間の前半6割の期間中であるAさんが65歳のときに解約した場合、解約時点における資産計上額（払込保険料累計額5,750万円×1/2＝2,875万円）と解約返戻金額（4,950万円）との差額（2,075万円）を雑収入として経理処理をする。仕訳は以下のとおりである。

借　方		貸　方	
現金・預金	4,950万円	前払保険料	2,875万円
		雑収入	2,075万円

3)　適切。〈資料2〉の定期保険は、無解約返戻金型であるため、キャッシュバリューは期待できないが、X社は、Aさんががん等と診断確定された場合などに特定疾病保険金を受けることができる。この特定疾病保険金は、Aさんが治療で不在の間、事業を継続させるための資金として活用することができる。

正解　3

《問9》

借　方		貸　方	
定期保険料	50万円	現金・預金	50万円

保険料（50万円）を支払うと「現金・預金」が減るため、貸方に仕訳する。

無解約返戻金型の定期保険の保険料は、全額を損金算入するため、借方に「定期保険料」として仕訳する。

正解　1

第 4 問

✓Check! ☐☐☐

タックスプランニング(1)

会社員のAさんは、妻Bさんおよび長女Cさんとの3人家族である。Aさんは、住宅ローンを利用して2022年10月に新築マンションを取得（契約締結）し、同月中に入居した。

〈Aさんとその家族に関する資料〉

Aさん　　　（44歳）：会社員

妻Bさん　　（43歳）：2022年中に、パートタイマーとして給与収入90万円を得ている。

長女Cさん（16歳）：高校生。2022年中の収入はない。

〈Aさんの2022年分の収入等に関する資料〉

(1)　給与収入の金額　　　　　　　　　　：780万円

(2)　一時払変額個人年金保険（10年確定年金）の解約返戻金

　　契約年月　　　　　　　　　　　　　：2016年6月

　　契約者（＝保険料負担者）・被保険者：Aさん

　　死亡保険金受取人　　　　　　　　　：妻Bさん

　　解約返戻金額　　　　　　　　　　　：550万円

　　正味払込保険料　　　　　　　　　　：500万円

〈Aさんが利用した住宅ローンに関する資料〉

借入年月日　　　　　　　：2022年10月20日

2022年12月末の借入金残高：2,000万円

※　住宅借入金等特別控除の適用要件は、すべて満たしている。

※　妻Bさんおよび長女Cさんは、Aさんと同居し、生計を一にしている。

※　Aさんとその家族は、いずれも障害者および特別障害者には該当しない。

※　Aさんとその家族の年齢は、いずれも2022年12月31日現在のものである。

※　上記以外の条件は考慮せず、各問に従うこと。

《問10》　Aさんの2022年分の所得税における総所得金額は、次のうちどれか。

1)　592万円

2)　642万円

3)　780万円

〈資料〉給与所得控除額

給与収入金額	給与所得控除額
万円超　　万円以下	
〜　　180	収入金額×40％−10万円　（55万円に満たない場合は、55万円）
180　〜　360	収入金額×30％＋8万円
360　〜　660	収入金額×20％＋44万円
660　〜　850	収入金額×10％＋110万円
850　〜	195万円

《問11》　Aさんの2022年分の所得税の課税に関する次の記述のうち、最も適切なものはどれか。

1)　「Aさんが受け取った一時払変額個人年金保険の解約返戻金は、源泉分離課税の対象となります」

2)　「Aさんが適用を受けることができる配偶者控除の額は、38万円です」

3)　「Aさんが適用を受けることができる扶養控除の額は、63万円です」

《問12》　住宅借入金等特別控除に関する以下の文章の空欄①〜③に入る語句または数値の組合せとして、次のうち最も適切なものはどれか。

ⅰ）「Aさんの場合、2022年分の所得税に係る住宅借入金等特別控除の控除額は、『住宅ローンの年末残高×（　①　）％』の算式により算出され、住宅借入金等特別控除の控除期間は、最長で（　②　）年間となります」

ⅱ）「住宅借入金等特別控除の適用を受ける最初の年分は、所得税の確定申告を行う必要があります。確定申告書は、Aさんの（　③　）を所轄する税務署長に提出します」

1)　①　0.7　　　②　13　　　③　住所地

2)　①　1.0　　　②　10　　　③　住所地

3)　①　0.7　　　②　10　　　③　勤務地

《問10》

① 給与所得の金額＝収入金額－給与所得控除額

$$＝780万円－（780万円×10％＋110万円）＝592万円$$

② 一時所得の金額（一時払変額個人年金保険の解約返戻金）

$$＝総収入金額－支出金額－特別控除額（最高50万円）$$

$$＝550万円－500万円－50万円＝0円$$

③ 総所得金額＝①592万円（給与所得）

正解 1

《問11》

1) 不適切。Aさんが受け取った一時払変額個人年金保険（10年確定年金）は、契約後5年経過後に解約しているため、解約返戻金は、一時所得として<u>総合課税</u>の対象となる。なお、契約後5年以内に解約した場合には、金融類似商品として源泉分離課税の対象となる。

2) 適切。妻Bさん（70歳未満）の合計所得金額は以下のとおり48万円以下であるため、合計所得金額が900万円以下（問10参照）のAさんは38万円の配偶者控除の適用を受けることができる。

　　妻Bさんの給与所得の金額＝90万円－55万円＝35万円≦48万円

3) 不適切。長女Cさん（16歳）は16歳以上19歳未満であるため一般の控除対象扶養親族に該当し、Aさんは<u>38万円</u>の扶養控除の適用を受けることができる。

正解 2

《問12》

① Aさんの場合、2022年分の所得税に係る住宅借入金等特別控除の控除額は、「住宅ローンの年末残高×<u>0.7</u>％」の算式により算出される。

② 新築住宅を取得した場合の住宅借入金等特別控除の控除期間は、最長で<u>13</u>年間となる。

③ Aさんが確定申告をする場合、確定申告書は、Aさんの<u>住所地</u>を所轄する税務署長に提出する。

正解 1

タックスプランニング(2)

　会社員のAさんは、妻Bさん、長女Cさんとの3人家族である。Aさんは、2023年中に一時払変額個人年金保険（10年確定年金）の解約返戻金を受け取っている。

〈Aさんとその家族に関する資料〉

Aさん　　　（50歳）：会社員

妻Bさん　　（45歳）：パートタイマー。2023年中に給与収入100万円を得ている。

長女Cさん（17歳）：高校生。2023年中の収入はない。

〈Aさんの2023年分の収入等に関する資料〉

(1)　給与収入の金額　　　　　　　　　　：650万円

(2)　一時払変額個人年金保険（10年確定年金）の解約返戻金

　　　契約年月　　　　　　　　　　　　：2016年6月

　　　契約者（＝保険料負担者）・被保険者：Aさん

　　　死亡保険金受取人　　　　　　　　：妻Bさん

　　　解約返戻金額　　　　　　　　　　：440万円

　　　正味払込保険料　　　　　　　　　：400万円

〈Aさんが2023年中に支払った生命保険の保険料に関する資料〉

(1)　終身保険（特約付加なし）

　　　契約年月　　　　　　　　　　　　：2013年5月

　　　契約者（＝保険料負担者）・被保険者：Aさん

　　　年間正味払込保険料：12万円（全額が一般の生命保険料控除の対象）

(2)　終身がん保険（死亡保障なし）

　　　契約年月　　　　　　　　　　　　：2023年6月

　　　契約者（＝保険料負担者）・被保険者：Aさん

　　　年間正味払込保険料：9万円（全額が介護医療保険料控除の対象）

※　妻Bさんおよび長女Cさんは、Aさんと同居し、生計を一にしている。

※　Aさんとその家族は、いずれも障害者および特別障害者には該当しない。

※　Aさんとその家族の年齢は、いずれも2023年12月31日現在のものであ

る。

※　上記以外の条件は考慮せず、各問に従うこと。

《問10》　Aさんの2023年分の所得税における総所得金額は、次のうちどれか。
1)　476万円
2)　496万円
3)　516万円

〈資料〉給与所得控除額

給与収入金額		給与所得控除額
万円超	万円以下	
～	180	収入金額×40％－10万円（55万円に満たない場合は、55万円）
180 ～	360	収入金額×30％＋8万円
360 ～	660	収入金額×20％＋44万円
660 ～	850	収入金額×10％＋110万円
850 ～		195万円

《問11》　Aさんの2023年分の所得税の課税に関する次の記述のうち、最も適切なものはどれか。
1)　「Aさんは、2023年中に解約した一時払変額個人年金保険の解約差益が20万円を超えるため、所得税の確定申告をしなければなりません」
2)　「Aさんが適用を受けることができる配偶者控除の控除額は、38万円です」
3)　「Aさんが適用を受けることができる扶養控除の控除額は、63万円です」

《問12》　Aさんの2023年分の所得税における生命保険料控除の控除額は、次のうちどれか。
1)　4万円
2)　8万円
3)　10万円

《問10》

① 給与所得の金額＝給与収入金額－給与所得控除額

= 650万円－（650万円×20％＋44万円）＝476万円

② 一時所得の金額＝総収入金額－支出金額－特別控除額（最高50万円）

= 440万円－400万円－40万円＝0円

③ 総所得金額 ＝①476万円（給与所得）

/ 正解 1 /

《問11》

1) 不適切。Aさんは、2023年中に解約した一時払変額個人年金保険に係る一時所得の金額が0円であるため、所得税の確定申告は不要である。

2) 適切。Aさんの合計所得金額は900万円以下（問10参照）で、妻Bさん（70歳未満）の合計所得金額は下記のとおり48万円以下であるため、Aさんが適用を受けることができる配偶者控除の控除額は、38万円である。

妻Bさんの合計所得金額（給与所得の金額）＝100万円－55万円＝45万円

3) 不適切。長女Cさん（17歳）は16歳以上19歳未満で一般控除対象扶養親族に該当するため、Aさんが適用を受けることができる扶養控除の控除額は、38万円である。

/ 正解 2 /

《問12》

① 終身保険（特約付加なし）

契約年月（2013年5月）が2012年以降であるため、新制度が適用され、年間正味払込保険料が8万円超の場合、一般の生命保険料控除の控除額は4万円となる。

② 終身がん保険（死亡保障なし）

契約年月（2023年6月）が2012年以降であるため、新制度が適用され、年間正味払込保険料が8万円超の場合、介護医療保険料控除の控除額は4万円となる。

③ 生命保険料控除の控除額

①4万円＋②4万円＝8万円

/ 正解 2 /

タックスプランニング⑶

会社員のAさんは、妻Bさんおよび長男Cさんとの3人家族である。Aさんは、2023年中に一時払変額個人年金保険（10年確定年金）の解約返戻金を受け取っている。

〈Aさんとその家族に関する資料〉

Aさん　　　（52歳）：会社員

妻Bさん　　（49歳）：パートタイマー。2023年中に給与収入90万円を得ている。

長男Cさん（20歳）：大学生。2023年中の収入はない。長男Cさんが負担すべき国民年金の保険料はAさんが支払っている。

〈Aさんの2023年分の収入等に関する資料〉

(1)　給与所得の金額：520万円

(2)　一時払変額個人年金保険（10年確定年金）の解約返戻金

　　契約年月　　　　　　　　　　　　：2014年7月

　　契約者（＝保険料負担者）・被保険者：Aさん

　　死亡保険金受取人　　　　　　　　：妻Bさん

　　解約返戻金額　　　　　　　　　　：600万円

　　正味払込保険料　　　　　　　　　：500万円

※　妻Bさんおよび長男Cさんは、Aさんと同居し、生計を一にしている。

※　Aさんとその家族は、いずれも障害者および特別障害者には該当しない。

※　Aさんとその家族の年齢は、いずれも2023年12月31日現在のものである。

※　上記以外の条件は考慮せず、各問に従うこと。

《問10》　Aさんの2023年分の所得税における総所得金額は、次のうちどれか。

1)　545万円

2)　570万円

3）　620万円

《問11》　Aさんの2023年分の所得税における所得控除に関する以下の文章の空欄①～③に入る数値の組合せとして、次のうち最も適切なものはどれか。

> ⅰ）「妻Bさんの合計所得金額は（　①　）万円以下となりますので、Aさんは配偶者控除の適用を受けることができます。Aさんが適用を受けることができる配偶者控除の額は、（　②　）万円です」
>
> ⅱ）「Aさんが適用を受けることができる扶養控除の額は、（　③　）万円です」

1)　①　38　　　　②　26　　　　③　63
2)　①　48　　　　②　38　　　　③　63
3)　①　103　　　②　38　　　　③　48

《問12》　Aさんの2023年分の所得税の課税に関する次の記述のうち、最も不適切なものはどれか。
1)　「Aさんが2023年中に支払った長男Cさんの国民年金の保険料は、その全額を社会保険料控除として総所得金額から控除することができます」
2)　「Aさんは、総所得金額に算入される一時所得の金額が20万円を超えるため、所得税の確定申告をしなければなりません」
3)　「所得税の確定申告書は、原則として、2024年2月16日から3月31日までの間にAさんの住所地を所轄する税務署長に提出してください」

解答と解説

《問10》
①　一時所得の金額（一時払変額個人年金保険の解約返戻金）

$$= 総収入金額 - 支出金額 - 特別控除額（最高50万円）$$

$$= 600万円 - 500万円 - 50万円 = 50万円$$

②　総所得金額 = 520万円（給与所得）＋①50万円（一時所得）× $\frac{1}{2}$

$$= 545万円$$

一時所得の金額のうち、総所得金額に算入されるのは、その2分の1である。

正解　1

《問11》

①　配偶者控除の適用を受けるためには、配偶者の合計所得金額が48万円以下でなければならない。以下のように、妻Bさんの合計所得金額（＝給与所得の金額）は48万円以下となる。

　　妻Bさんの給与所得の金額＝給与収入金額－給与所得控除額（最低55万円）

　　　　　　　　　　　　　　　＝90万円－55万円＝35万円

②　配偶者が70歳未満で、納税者の合計所得金額が900万円以下の場合に適用を受けることができる配偶者控除の額は、38万円である。

③　長男Cさん（20歳）は、19歳以上23歳未満で特定扶養親族に該当するため、Aさんが適用を受けることができる扶養控除の額は、63万円である。

正解　2

《問12》

1)　適切。生計を一にする配偶者その他の親族が負担すべき社会保険料を納税者が支払った場合、その全額を納税者の社会保険料控除として総所得金額から控除することができる。

2)　適切。Aさんの総所得金額に算入される一時所得の金額は「50万円×1/2＝25万円（問10参照）」となり20万円を超えるため、Aさんは給与所得者であっても所得税の確定申告をしなければならない。

3)　不適切。所得税の確定申告書は、原則として、2024年2月16日から3月15日までの間にAさん（納税者）の住所地を所轄する税務署長に提出しなければならない。

正解　3

第 5 問

相続・事業承継(1)

A さん（70歳）は、妻 B さん（70歳）との2人暮らしである。A さん夫妻には、子がいない。A さんは、妻 B さんに全財産を相続させたいと考えており、遺言書の準備を検討している。

〈A さんの親族関係図〉

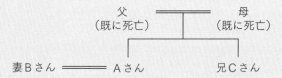

〈A さんの主な所有財産（相続税評価額）〉

現預金	：	1 億円
上場株式	：	3,000万円
自宅敷地（330㎡）	：	7,000万円（注）
自宅建物	：	1,000万円
賃貸アパート敷地（300㎡）：		5,000万円（注）
賃貸アパート建物（6室）：		3,000万円
合計	：	2 億9,000万円

（注）「小規模宅地等についての相続税の課税価格の計算の特例」適用前の金額

※ 上記以外の条件は考慮せず、各問に従うこと。

《問13》 遺言に関する次の記述のうち、最も不適切なものはどれか。

1) 「遺言により、A さんの全財産を妻 B さんに相続させた場合、兄 C さんが遺留分侵害額請求権を行使する可能性があります」

2) 「A さんは、自身が作成した自筆証書遺言を法務局（遺言書保管所）に預けることができます」

3) 「A さんが公正証書遺言を作成する場合、証人2人以上の立会いが必要となりますが、妻 B さんは証人になることはできません」

《問14》 仮に、Aさんの相続が現時点（2023年5月28日）で開始し、Aさんの相続に係る課税遺産総額（課税価格の合計額－遺産に係る基礎控除額）が2億円であった場合の相続税の総額は、次のうちどれか。

1) 4,600万円

2) 5,100万円

3) 6,300万円

〈資料〉相続税の速算表（一部抜粋）

法定相続分に応ずる取得金額			税率	控除額
万円超		万円以下		
	～	1,000	10%	－
1,000	～	3,000	15%	50万円
3,000	～	5,000	20%	200万円
5,000	～	10,000	30%	700万円
10,000	～	20,000	40%	1,700万円

《問15》 現時点（2023年5月28日）において、Aさんの相続が開始した場合に関する以下の文章の空欄①～③に入る語句または数値の組合せとして、次のうち最も適切なものはどれか。

i）「妻Bさんが自宅の敷地を相続により取得し、当該敷地の全部について、『小規模宅地等についての相続税の課税価格の計算の特例』の適用を受けた場合、減額される金額は（ ① ）万円となります」

ii）「『配偶者に対する相続税額の軽減』の適用を受けた場合、妻Bさんが相続により取得した財産の金額が、配偶者の法定相続分相当額と1億6,000万円とのいずれか（ ② ）金額までであれば、原則として、妻Bさんが納付すべき相続税額は算出されません」

iii）「相続税の申告書は、原則として、相続の開始があったことを知った日の翌日から（ ③ ）カ月以内に、Aさんの死亡時の住所地を所轄する税務署長に提出しなければなりません」

1) ① 3,500 ② 少ない ③ 10

2) ① 5,600 ② 少ない ③ 3

3) ① 5,600 ② 多い ③ 10

解答と解説

《問13》

1) 不適切。被相続人の兄弟姉妹に遺留分はないため、兄Cさんが遺留分侵害額請求権を行使することはない。

2) 適切。自筆証書遺言書保管制度を利用することにより、自筆証書遺言を法務局（遺言書保管所）に預けることができる。本制度を利用した自筆証書遺言は、遺言者の相続開始後に家庭裁判所による検認が不要となる。

3) 適切。公正証書遺言を作成する場合、証人2人以上の立会いが必要となるが、遺言者の配偶者など推定相続人は証人になることはできない。

正解 1

《問14》

① 法定相続人が法定相続分どおりに取得したと仮定した取得金額

・妻B　$2億円 \times \dfrac{3}{4} = 1億5,000万円 \cdots ❶$

・兄C　$2億円 \times \dfrac{1}{4} = 5,000万円 \cdots\cdots ❷$

② 相続税の総額（❶、❷に対する税額の合計）

・妻B　❶ 1億5,000万円 × 40％ － 1,700万円 ＝ 4,300万円

・兄C　❷　　　5,000万円 × 20％ － 　200万円 ＝ 　800万円

合計（相続税の総額）5,100万円

正解 2

《問15》

① 特定居住用宅地等に該当する自宅の敷地を相続により取得し、「小規模宅地等についての相続税の課税価格の計算の特例」の適用を受けた場合、330㎡までの部分について80％減額される。本問の自宅の敷地（330㎡）は330㎡以下であるため、敷地全体が80％減額される。減額される金額は「7,000万円×80％＝5,600万円」である。

② 「配偶者に対する相続税額の軽減」の適用を受けた場合、妻Bさんが相続により取得した財産の金額が、配偶者の法定相続分相当額と1億6,000万円とのいずれか多い金額までであれば、原則として、妻Bさんが納付すべき相続税額は算出されない。

③ 相続税の申告書は、原則として、相続の開始があったことを知った日の翌日

から<u>10</u>カ月以内に、被相続人の死亡時の住所地を所轄する税務署長に提出しなければない。

正解 **3**

相続・事業承継⑵

> 　Ａさん（79歳）は、妻Ｂさん（76歳）との２人暮らしである。Ａさん夫妻には、２人の子がいるが、二男Ｄさんは既に他界している。Ａさんは、孫Ｅさん（22歳）および孫Ｆさん（20歳）に対して、相応の資産を承継させたいと考えている。
>
> 〈Ａさんの親族関係図〉
>
>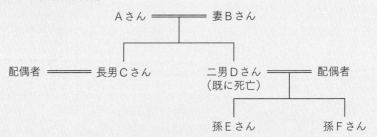
>
> 〈Ａさんの主な所有財産（相続税評価額、下記の生命保険を除く）〉
> 現預金　　　　　　：１億9,000万円
> 自宅（敷地330㎡）：　7,000万円（注）
> 自宅（建物）　　　：　1,000万円
> （注）「小規模宅地等についての相続税の課税価格の計算の特例」適用前の金額
>
> 〈Ａさんが加入している一時払終身保険の内容〉
> 契約者（＝保険料負担者）・被保険者：Ａさん
> 死亡保険金受取人　　　　　　　　　：妻Ｂさん
> 死亡保険金額　　　　　　　　　　　：2,000万円
> ※　上記以外の条件は考慮せず、各問に従うこと。

《問13》　Ａさんの相続に関する次の記述のうち、最も適切なものはどれか。

1)　「妻Ｂさんが受け取る一時払終身保険の死亡保険金は、みなし相続財産として相続税の課税対象となりますが、死亡保険金の非課税金額の規定の適用を受けることで、相続税の課税価格には算入されません」

2)　「孫Ｅさんおよび孫Ｆさんが相続により財産を取得した場合、相続税額の２割加算の対象となります」

3）「相続税の申告書は、原則として、相続の開始があったことを知った日の翌日から6カ月以内に被相続人であるAさんの死亡時の住所地を所轄する税務署長に提出しなければなりません」

《問14》　Aさんの相続に関する以下の文章の空欄①～③に入る語句の組合せとして、次のうち最も適切なものはどれか。

ⅰ）「円滑な遺産分割のため、遺言書の作成をお勧めします。公正証書遺言は、証人（　①　）以上の立会いのもと、遺言者が遺言の趣旨を公証人に口授し、公証人がこれを筆記して作成します。推定相続人である妻Bさんや長男Cさんを証人にすること（　②　）」

ⅱ）「妻Bさんが自宅の敷地を相続により取得し、『小規模宅地等についての相続税の課税価格の計算の特例』の適用を受けた場合、自宅の敷地（相続税評価額7,000万円）について、相続税の課税価格に算入すべき価額を（　③　）とすることができます」

1）　①　3人　　②　はできません　　③　5,600万円
2）　①　3人　　②　ができます　　③　3,500万円
3）　①　2人　　②　はできません　　③　1,400万円

《問15》　Aさんの相続が現時点（2023年9月10日）で開始し、Aさんの相続に係る課税遺産総額（課税価格の合計額－遺産に係る基礎控除額）が1億6,000万円であった場合の相続税の総額は、次のうちどれか。
1）　2,800万円
2）　4,000万円
3）　4,700万円

〈資料〉相続税の速算表（一部抜粋）

法定相続分に応ずる取得金額			税率	控除額
万円超		万円以下		
	〜	1,000	10%	−
1,000	〜	3,000	15%	50万円
3,000	〜	5,000	20%	200万円
5,000	〜	10,000	30%	700万円
10,000	〜	20,000	40%	1,700万円

解答と解説

《問13》

1) 適切。下記のように、死亡保険金の非課税金額は2,000万円であるため、一時払終身保険の死亡保険金額2,000万円から差し引くと、相続税の課税価格に算入される額は0円となる（相続税の課税価格には算入されない）。

死亡保険金の非課税金額＝500万円×法定相続人の数（4人※）＝2,000万円

※ 法定相続人の数は、妻Bさん、長男Cさん、既に死亡した二男Dさんの代襲相続人である孫Eさん、孫Fさんの4人である。

2) 不適切。孫Eさんおよび孫Fさんは、代襲相続人である孫であるため、相続税額の2割加算の対象とならない。

3) 不適切。相続税の申告書は、原則として、相続の開始があったことを知った日の翌日から10カ月以内に被相続人であるAさんの死亡時の住所地を所轄する税務署長に提出しなければならない。

正解 1

《問14》

① 公正証書遺言を作成するためには、証人2人以上の立会いが必要である。

② 公正証書作成時の証人には、推定相続人（妻Bさんや長男Cさんなど）や受遺者はなることができない。

③ 特定居住用宅地等に該当する自宅の敷地を相続により取得し、「小規模宅地等についての相続税の課税価格の計算の特例」の適用を受けた場合、330㎡までの部分について80%減額される。本問の自宅の敷地（330㎡）は330㎡以下であるため、敷地全体が80%減額される。相続税の課税価格に算入すべき価

208

額は、下記のとおり<u>1,400万円</u>である。

相続税の課税価格に算入すべき価額＝7,000万円－（7,000万円×80％）

＝1,400万円

／正解 3 ＼

《問15》

① 法定相続人が法定相続分どおりに取得したと仮定した取得金額

・妻B　　　1億6,000万円×$\frac{1}{2}$＝8,000万円 ………………❶

・長男C　　1億6,000万円×$\frac{1}{2}$×$\frac{1}{2}$＝4,000万円 …………❷

・孫E　　　1億6,000万円×$\frac{1}{2}$×$\frac{1}{2}$×$\frac{1}{2}$＝2,000万円……❸

・孫F　　　1億6,000万円×$\frac{1}{2}$×$\frac{1}{2}$×$\frac{1}{2}$＝2,000万円……❹

② 相続税の総額（❶～❹に対する税額の合計）

・妻B　　　❶8,000万円×30％－700万円＝1,700万円
・長男C　　❷4,000万円×20％－200万円＝　600万円
・孫E　　　❸2,000万円×15％－　50万円＝　250万円
・孫F　　　❹2,000万円×15％－　50万円＝　250万円

合計（相続税の総額）<u>2,800万円</u>

／正解 1 ＼

相続・事業承継(3)

個人で不動産賃貸業を営んでいるAさん（67歳）の推定相続人は、妻Bさん、長男Cさんおよび二男Dさんの3人である。

Aさんは、妻Bさんには相応の現預金を、長男Cさんには自宅および自宅に隣接する賃貸アパートを相続させたいと考えており、遺言書の作成を検討している。

〈Aさんの推定相続人〉

妻Bさん（66歳）　：Aさんと自宅で同居している。

長男Cさん（42歳）：会社員。妻と子がおり、Aさん夫妻と同居している。

二男Dさん（39歳）：会社員。妻と子の3人で戸建て住宅（持家）に住んでいる。

〈Aさんの主な所有財産（相続税評価額、下記の生命保険を除く）〉

現預金　　　　　　　　　　　　：4,000万円

自宅（敷地330㎡）　　　　　　：7,000万円（注）

自宅（建物）　　　　　　　　　：1,000万円

賃貸アパート（敷地300㎡）：5,000万円（注）

賃貸アパート（建物）　　　：3,000万円

（注）「小規模宅地等についての相続税の課税価格の計算の特例」適用前の金額

　　　〈Aさんが現在加入している生命保険に関する資料〉

　　　保険の種類　　　　　　　　　　　：一時払終身保険

　　　契約者（＝保険料負担者）・被保険者：Aさん

　　　死亡保険金受取人　　　　　　　　：妻Bさん

　　　死亡保険金額　　　　　　　　　　：1,500万円

　　　※　上記以外の条件は考慮せず、各問に従うこと。

《問13》　Aさんの相続が現時点（2024年1月28日）で開始し、Aさんの相続に係る課税遺産総額（課税価格の合計額－遺産に係る基礎控除額）が9,600万円であった場合の相続税の総額は、次のうちどれか。

1）　1,320万円

2) 1,380万円

3) 2,180万円

〈資料〉相続税の速算表（一部抜粋）

法定相続分に応ずる取得金額		税率	控除額
万円超	万円以下		
	～　1,000	10%	－
1,000	～　3,000	15%	50万円
3,000	～　5,000	20%	200万円
5,000	～　10,000	30%	700万円

《問14》　遺言等に関する次の記述のうち、最も適切なものはどれか。

1) 「自筆証書遺言は、所定の手続により、法務局（遺言書保管所）に保管することができます。法務局（遺言書保管所）に保管された自筆証書遺言は、相続開始後、相続人が遅滞なく、家庭裁判所に提出して、その検認の請求をしなければなりません」

2) 「公正証書遺言は、証人2人以上の立会いのもと、遺言者が遺言の趣旨を公証人に口授し、公証人がこれを筆記して作成するものです」

3) 「遺言により、相続財産の大半を妻Bさんおよび長男Cさんが相続した場合、二男Dさんの遺留分を侵害するおそれがあります。仮に、遺留分を算定するための財産の価額が2億円である場合、二男Dさんの遺留分の金額は5,000万円となります」

《問15》　Aさんの相続に関する次の記述のうち、最も不適切なものはどれか。

1) 「妻Bさんが受け取る一時払終身保険の死亡保険金（1,500万円）は、みなし相続財産として相続税の課税対象となりますが、死亡保険金の非課税金額の規定の適用を受けることで、相続税の課税価格には算入されません」

2) 「長男Cさんが、二男Dさんに対する代償交付金を準備する方法として、契約者（＝保険料負担者）および死亡保険金受取人を長男Cさん、被保険者をAさんとする終身保険に加入し、長男Cさんが負担する保険料相当額の現金をAさんが贈与することも検討事項の1つです」

3) 「特定居住用宅地等（自宅の敷地）と貸付事業用宅地等（賃貸アパートの敷地）について、『小規模宅地等についての相続税の課税価格の計算の特例』の適用を受けようとする場合、適用対象面積の調整はせず、それぞれの宅地等の適用対象の限度面積まで適用を受けることができます」

解答と解説

《問13》

① 法定相続人が法定相続分どおりに取得したと仮定した取得金額

・妻B　　　9,600万円 × $\frac{1}{2}$ = 4,800万円……❶

・長男C　　9,600万円 × $\frac{1}{4}$ = 2,400万円……❷

・二男D　　9,600万円 × $\frac{1}{4}$ = 2,400万円……❸

② 相続税の総額（❶〜❸に対する税額の合計）
・妻B　　❶4,800万円 × 20% − 200万円 = 760万円
・長男C　❷2,400万円 × 15% − 50万円 ＝ 310万円
・二男D　❸2,400万円 × 15% − 50万円 ＝ 310万円

合計（相続税の総額）1,380万円

正解　2

《問14》

1) 不適切。法務局（遺言書保管所）に保管された自筆証書遺言は、相続開始後、家庭裁判所に対する検認の請求は不要である。なお、法務局（遺言書保管所）に保管されていない自筆証書遺言は、検認の請求が必要となる。

2) 適切。

3) 不適切。全体の遺留分の割合は財産の2分の1となり、各相続人の遺留分は2分の1に各相続人の法定相続分を乗じた割合となる。下記のように、二男Dさんの遺留分は8分の1であるため、二男Dさんの遺留分の金額は「2億円 × 1/8 = 2,500万円」となる。

	妻B	長男C	二男D
法定相続分	$\dfrac{1}{2}$	$\dfrac{1}{4}$	$\dfrac{1}{4}$
遺留分	$\dfrac{1}{2} \times \dfrac{1}{2} = \dfrac{1}{4}$	$\dfrac{1}{2} \times \dfrac{1}{4} = \dfrac{1}{8}$	$\dfrac{1}{2} \times \dfrac{1}{4} = \dfrac{1}{8}$

正解 2

《問15》

1) 適切。死亡保険金の非課税金額＝500万円×法定相続人の数（3人）＝ 1,500万円

   相続税の課税価格に算入される金額＝1,500万円－1,500万円＝0円

2) 適切。本肢の説明は、遺産分割のうち代償分割について代償交付金を死亡保険金で準備する方法について記載したものである。代償分割とは、本設例の場合、長男Cさんが相続財産の多くを取得する代わりに、長男Cさんから二男Dさんに現金などを交付する方法である。

3) 不適切。「小規模宅地等についての相続税の課税価格の計算の特例」について、特定居住用宅地等（自宅の敷地）と貸付事業用宅地等（賃貸アパートの敷地）は完全併用はできないため、適用対象面積の調整が必要となる。

正解 3

第5問

実技（保険）編

過去問題集　企画協力者

岡田佳久　（1級ファイナンシャル・プランニング技能士）

梶谷美果　（1級ファイナンシャル・プランニング技能士）

杉浦恵祐　（1級ファイナンシャル・プランニング技能士）

武田祐介　（社会保険労務士、1級ファイナンシャル・プランニング技能士）

田中卓也　（田中卓也税理士事務所）

林　繁裕　（社会保険労務士、1級ファイナンシャル・プランニング技能士）

深澤　泉　（1級ファイナンシャル・プランニング技能士）

船井保尚　（1級ファイナンシャル・プランニング技能士）

益山真一　（1級ファイナンシャル・プランニング技能士、マンション管理士、宅地建物取引士）

森田昭成　（モリタ総合事務所／1級ファイナンシャル・プランニング技能士）

吉田　靖　（吉田税理士事務所／1級ファイナンシャル・プランニング技能士）

※ 50音順、敬称略。所属は企画協力時のものです。

３級FP技能士（学科・実技）過去問題解説集（2023年度実施分）

2024年6月12日　初版発行

編　著	一般社団法人金融財政事情研究会
	ファイナンシャル・プランナーズ・センター
発行所	一般社団法人金融財政事情研究会
	〒160-8519 東京都新宿区南元町19
	☎　03-3358-2891（販売）
	URL　https://www.kinzai.jp/
発行者	加藤　一浩
印　刷	三松堂株式会社

○本書の内容に関するお問合せは、書籍名およびご連絡先を明記のうえ、FAXまたは郵送でお願いいたします（電話でのお問合せにはお答えしかねます）。なお、本書の内容と直接関係のない質問や内容理解にかかわる質問については、お答えしかねますので、あらかじめご了承ください。

FAX番号　03-3358-1771

○法・制度改正等に伴う内容の変更・追加・訂正等は下記のウェブサイトに掲載します。　　　https://www.kinzai.jp/seigo/